事业合伙人

管理

李青山　耿冬梅◎著

Business Partner
Management

经济管理出版社

ECONOMY & MANAGEMENT PUBLISHING HOUSE

图书在版编目（CIP）数据

事业合伙人管理/李青山，耿冬梅著 . —北京：经济管理出版社，2021. 5
ISBN 978-7-5096-7990-6

Ⅰ.①事… Ⅱ.①李… ②耿… Ⅲ.①创业—企业管理 Ⅳ.①F272.2

中国版本图书馆 CIP 数据核字（2021）第 094090 号

组稿编辑：张永美

责任编辑：赵亚荣

责任印制：黄章平

责任校对：陈晓霞

出版发行：经济管理出版社
　　　　　（北京市海淀区北蜂窝 8 号中雅大厦 A 座 11 层　100038）
网　　址：www. E-mp. com. cn
电　　话：(010) 51915602
印　　刷：北京晨旭印刷厂
经　　销：新华书店
开　　本：720mm×1000mm/16
印　　张：12. 75
字　　数：209 千字
版　　次：2021 年 6 月第 1 版　　2021 年 6 月第 1 次印刷
书　　号：ISBN 978-7-5096-7990-6
定　　价：68. 00 元

·序言·

　　事业合伙人管理包括事业管理与合伙人管理两条曲线。参照天人合一的阴阳平衡原理，事业管理与合伙人管理之间关系类似于有机体的一阴一阳交互运动，相辅相成，互为表里。所谓阴平阳秘，既包含事业管理的外部有效性与合伙人管理的内部一致性，又包含事业管理与合伙人管理的协同演进与动态平衡。

　　同时，事业合伙人管理又包括创业合伙人管理、营销合伙人管理、生态合伙人管理三个层面。参照企业生命周期管理理论，在创业期、成长期、成熟期层层演进的不同发展阶段，把事业细分为创业期事业、成长期事业、成熟期事业，相应地把合伙人细分为创业合伙人、营销合伙人、生态合伙人。所谓基业长青，就是既要做好某一发展阶段事业的高效创新，又要做好不同发展阶段事业的有机迭代；既要做好某一发展阶段事业合伙人之间的分工协作、高效运营，又要做好不同发展阶段事业合伙人之间的相互支撑、彼此成就。

　　本书的主体内容包括理论、实践、运营三部分。

　　理论部分主要阐述理念与方法论，在总体的事业合伙人管理理念与方法论之下，又具体细分为创业合伙人管理理念与方法论、营销合伙人管理理念与方法论、生态合伙人管理理念与方法论三个子部分。

　　实践部分主要选取了作者比较熟悉并且亲身参与的五家企业作为案例研究对象，具体包括农业食品大健康领域的温氏集团、梯田云、婕斯，工商业互联网领域的小米，服务业管理咨询领域的北大纵横。这五个案例有一个共同特点，就是均经历了创业期、成长期、成熟期三个发展阶段的事业合伙人管理实践，让我们可以从更长周期曲线来观察事业合伙人管理展现出来的绵延活力，以及内涵蕴蓄的蓬勃动力。

　　运营部分主要包括运营和文化，在总体的事业合伙人运营之下，又具体细分为创业合伙人运营、营销合伙人运营、生态合伙人运营三个子部分，最后一部分是事业合伙人文化。

本书共分为五章，各章既前后贯通，形成一个有机整体，又各自独立，自成体系。读者根据自身需要，既可以从始至终浏览，也可以挑选章节阅览，还可以按理论脉络或案例线条跨章节研读。

做事业，需要历经责任与艰辛，做合伙人，需要感悟使命与规则。希望本书能够给企业家、决策者以启发，能够给合伙人、潜在合伙人以招引。智慧互联时代，我们合伙前行。

目录 CONTENTS

第一章

事业合伙人管理理念与方法论

第一节　事业合伙人管理理念

事业合伙人管理理念就是逐步扩展事业领域，围绕事业领域的有效运营提供组织和人力服务，强化合伙信任关系，推动事业可持续成长。

事业合伙人管理，首先是事业管理，其次才是合伙人管理。事业合伙人管理首先要与战略营销管理的定位相配称，提供组织和人力服务；其次要与战略营销管理的进程相配称，打造与不同战略营销管理阶段相适应的合伙人团队。

从企业生命周期管理视角来看，企业发展的三个重要时期分别是创业期、成长期、成熟期，与这三个发展阶段相配称的战略营销管理分别是渠道营销管理、终端营销管理、社区营销管理。进而，与三个阶段战略营销管理相配称的事业合伙人管理分别是创业合伙人管理、营销合伙人管理、生态合伙人管理。

为此，有必要将企业生命周期管理、战略营销管理、事业合伙人管理融合凝聚，开展系统思考和深度研究。

在创业期，由企业创始人选择一个主要面向未来主流市场需求的事业领域，并围绕这一事业领域，定义一个当下可以服务现有利基市场需求的产品和服务组合，招募创业合伙人团队，集中主要资源和能力在价值创造的核心环节，通过外协模式获取供应端资源支持，通过渠道营销模式获取需求端资源合作，以创业文化作为管理端主要资源，完成商业价值模式的打造和创业合伙人团队的培育，在产业社会中逐步站稳脚跟，拥有一席之地。这样创业合伙人团队就顺利走过了创业期。

在成长期，创业合伙人团队决定在既定事业领域开展长期奋斗，围绕既定事业领域，定义一个面向当下主流市场需求的产品和服务组合，在产业链宽度、长度、高度三个维度逐次开展终端营销投资，强化在价值创造的核心环节的资源集聚和运营能力，吸引上下游产业合作伙伴逐步成为企业的营销合伙人，通过资本和管理双重纽带深化与营销合伙人的事业与文化联系，在产业社会中逐步扩大规模和影响。这样创业合伙人团队和营销合伙人团队就顺利走过了成长期。

在成熟期，创业合伙人团队和营销合伙人团队一起，选择现有事业领域升级后的一个主要面向未来主流市场需求的事业领域，围绕这个未来事业领域，定义一组当下可以服务现有利基市场需求的产品和服务组合，培育一批生态合伙人团队。生态合伙人团队集中主要资源和能力在价值创造的核心环节，创业合伙人团队和营销合伙人团队运用自身客户端资源、供应端资源、管理端资源为生态合伙人团队提供全方位的生态营销支持和服务，帮助一批生态合伙人团队在面向未来的产业社会中逐步站稳脚跟，拥有一席之地，这批生态合伙人团队就顺利走过了创业期。这样就驱动创业合伙人团队、营销合伙人团队、生态合伙人团队在深度分工与高效协同基础上共同走向未来（见图1-1）。

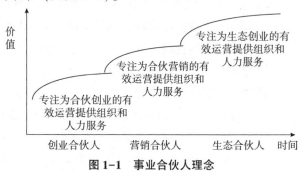

图1-1　事业合伙人理念

　　注：事业合伙人理念就是逐步扩展事业领域，围绕事业领域的有效运营提供组织和人力服务，强化合伙信任关系，推动企业可持续成长。

第二节　事业合伙人管理方法论

事业合伙人管理方法论就是遵循外部有效性和内部一致性原则，构建战略营销管理体系与事业合伙人管理体系，系统推进事业均衡发展。

事业合伙人管理方法论要秉承道法自然信念，尽管现在社会上资本过剩，但构建一个战略营销管理体系非一日之功，不可揠苗助长。同样，尽管现在社会上人才济济，但构建一个事业合伙人管理体系也非一蹴而就，过犹不及。

事业合伙人管理方法论主要包括目标、主体、文化、运营、资源五个层面，自上而下，交互贯通，形成完整的可执行的逻辑体系。

在目标层面，事业合伙人管理的目标是"打造高效能事业合伙人团队"。打造"高效能"的目标是实现外部有效性，打造"事业合伙人团队"的目标是实现内部一致性。

在主体层面，事业合伙人管理的对象分别是"创业合伙人""营销合伙人""生态合伙人"。创始人的个人成功是招募创业合伙人的基础，创业合伙人团队的成功是招募营销合伙人的基础，营销合伙人团队的成功是招募生态合伙人的基础。

在文化层面，事业合伙人管理的基本价值观分别是"诚信""共赢""创新"。诚信是根本，只有诚信才能奠定永续经营的基础，构建诚信文化也是构建共赢文化的基础；共赢是牵引，只有共赢才能跨界合作创造价值，构建共赢文化又是构建创新文化的基础；创新是驱动，只有创新才能构建可持续成长动力，创新文化也是构建可持续成长文化的基础。

在运营层面，创业合伙人的运营主要包括并依次开展"筹人""筹款""筹资源"；营销合伙人的运营主要包括并依次开展"共商""共建""共享"；生态合伙人的运营主要包括并依次开展"寄生""互生""再生"。

在"筹人"方面，要筹集价值观相同、能力不同的创业合伙人团队，打造诚信文化。在"筹款"方面，要用未来价值筹集创业初期所需资金，用空间换时间。在"筹资源"方面，要筹集支持创业产品和服务的客户端资源、供应端资源、管理端资源，但求所用，不求所有。

　　在"渠道营销"方面，营销合伙人团队主要负责渠道销售职能，企业主要负责市场推广职能。在"终端营销"方面，营销合伙人团队要积极参与产品和服务的定义和设计职能，企业要负责集成产品开发和集成供应链职能。在"社区营销"方面，营销合伙人团队主要负责社区用户服务职能，企业主要负责社区服务解决方案开发职能。

　　在"寄生"方面，生态合伙人团队需要寄生在成熟的生态平台之上，打造创新文化。在"互生"方面，生态合伙人团队的创新产品和服务需要与平台成熟的产品和服务互相加持。在"再生"方面，生态合伙人团队的创新产品和服务需要引领生态平台进入新时代。

　　在资源层面，事业合伙人管理的资源基础分别是"客户端资源""管理端资源""供应端资源"。客户端资源主要包括种子客户、战略客户，积聚客户端资源的目的是邀请先期客户加入到创新产品和服务的设计、开发、测试及试用过程中来，壮大中期、后期粉丝客户规模。管理端资源主要包括战略运营管理、财务资本管理、人力组织管理、法务风控管理、信息数据管理，积聚管理端资源的目的是为合伙人团队提供价值设计、价值开发、价值分配服务，聚集合伙人资源，赋予合伙人能量。供应端资源主要是产品研究、开发、测试、采购、生产、物流及售后服务，积聚供应端资源的目的是利用存量社会资源支持创新产品和服务的快速开发、测试和试用、生产，加速创新创业、规模供应进程（见图 1-2）。

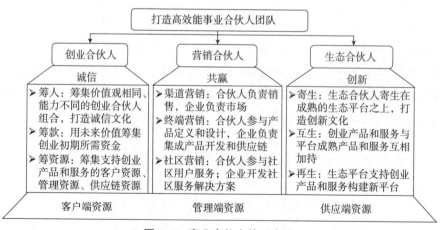

图 1-2　事业合伙人管理方法

　　注：事业合伙人管理方法就是遵循外部有效性和内部一致性原则，构建战略运营体系与合伙管理体系，系统推进企业均衡成长。

第二章

创业合伙人管理

第一节　创业合伙人管理理念

创业合伙人管理理念就是逐步筹集创业所需的合伙人、资金、资源，围绕企业价值链的有效构建提供组织和人力服务，强化合伙信任关系，持续打造生存能力。

创业合伙人管理首先是创业管理，其次才是合伙人管理。创业合伙人管理，首先要与创业阶段定位相配称，提供组织和人力服务；其次要与创业职能相配称，打造与价值链上不同职能相适应的创业合伙人团队。

从企业价值链构建视角看，创业阶段需要构建企业策划、产品研发、生产运营、渠道营销等主要价值链职能。与这些职能相配称的企业合伙人分别是创始人、产品创始合伙人、运营创始合伙人、营销创始合伙人，以及与这些职能相配称的运营团队和管理团队。

为此，有必要将企业生命周期管理、企业价值链构建、创业合伙人管理融合凝聚，开展系统思考和深度研究。

创业初期，企业首先需要筹人，打造由合伙人组成的创业团队。团队的核心是创始人，然后是创始合伙人团队，紧接着是团队员工。在创业初期，创始人必须承担创始合伙人的招募职能，创始合伙人也要承担各自团队员工的招募职能。

其次需要筹款。企业创业初期需要一定规模的启动资金，创始人必须带头规模出资，带动创始合伙人团队合理出资，并进一步带动团队员工自愿出资。只有这样，才能在创业初期筹集到一定规模的创业资本，并以此为基础更好地吸引外部投资人出资。

最后需要筹资源。企业创业初期，需要构建一条完整的价值链。而企业从0到1，必然需要筹集客户端资源、供应端资源及管理端资源，这些资源可以是创始人过去积累的，也可以是创始合伙人团队所拥有的，还可以是外部投资人带入的（见图2-1）。

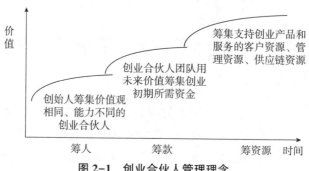

图 2-1　创业合伙人管理理念

注：创业合伙人管理理念就是逐步筹集创业所需的合伙人、资金、资源，围绕企业价值链的有效构建提供组织和人力服务，强化合伙信任关系，持续打造生存能力。

第二节　创业合伙人管理方法论

创业合伙人管理方法论就是遵循外部有效性和内部一致性原则，构建企业价值链运营管理体系与创业合伙人管理体系，系统推进企业成功创建。

成功的创业合伙人管理体系的建立、运营和维护依赖有效的"诚信"文化建设。诚信文化主要体现在筹人、筹款、筹资源三项运营元素。在筹人方面，要筹集价值观相同、能力不同的创业合伙人组合，共同开创全新事业。在筹款方面，要用未来价值筹集创业初期所需资金，共同承担投资风险。在筹资源方面，筹集支持创业产品和服务的客户端资源、供应端资源、管理端资源，共同分享社区资源。

一、筹人

首先是创始人。创始人自己要全面客观评估自己是否有能力牵头开创一项事业、架构一家企业，以及自己适合开创哪方面事业、创建哪种模式企业。在明确自己牵头创业及定位事业领域之后，创始人要按照自身特性和事业领域特性，着手招募产品创始合伙人、运营创始合伙人、营销创始合伙人，同时筛选外部投资人和社区资源共享者。

其次是创始合伙人。产品创始合伙人要具有成熟的产品规划、产品定义及产品开发经验和运作能力，适当招募一些愿意投资入股的骨干和员工，以及少量外部兼职设计和研发专家，尽力控制短期人力成本。运营创始合伙人要具有成熟的产能规划建设、生产运营管理、供应链采购及仓储物流管理经验和运作能力，适当招募一些愿意投资入股的骨干和员工，以及少量外部兼职供应链和质量管理专家，尽力控制短期人力成本。营销创始合伙人要具有成熟的营销规划、渠道推广、客户开发及客户服务经验和运作能力，适当招募一些愿意投资入股的骨干和员工，以及少量外部兼职营销策划和市场推广专家，尽力控制短期人力成本。创始合伙人宜精不宜多，都要具有独立组队、独立带队、独立激励约束队伍的能力。

最后是投资人。创始人要负责投资规划和融资规划，要负责寻找对创业有资金支持和其他资源支持的天使投资人、战略投资人、财务投资人。创始人筛选的投资人，宜精不宜多，要支持创始人及其团队掌控企业，要关注企业的长期投资价值。创始人要负责设计有效的股份分利与经营分利、短期分利与长期分利、增量分利与存量分利等分配机制。

二、筹款

首先是创始人。创始人最好是财务自由，至少要投入一定规模的创业启动资金，能够支付事业开创早期所需。早期加入的产品创始合伙人、运营创始合伙人、营销创始合伙人也要投入一定规模的创业启动资金，既表明信心，又表明决心。创始合伙人招募的下属团队骨干及员工，自愿投入不同规模的资金入股，一方面扩大创业启动资金及早期运营资金规模，另一方面增强企业凝聚力、员工责任感，减少管理成本。

其次是创始合伙人。产品创始合伙人要根据自己的经济状况和企业资金需求，特别是自身岗位内涵的职责要求，投资适当规模资金获取股份，在创业合伙人团队内部获取相应的话语权，承担相应责任。运营创始合伙人也要根据自己的经济状况和企业资金需求，特别是自身岗位内涵的职责要求，投资适当规模资金获取股份，在创业合伙人团队内部获取相应的话语权，承担相应责任。由营销职能特点所决定，营销合伙人的主要贡献跟经营收入、经营利润关联度最高，其激励也以经营性激励为主、资本性激励为辅，所以在股权投资规模上可以比产品创始合伙人、运营创始合伙人稍低一些。

最后是投资人。创始人负责分阶段引入天使投资人、风险投资人、战略投资人、财务投资人，通过 A 轮、B 轮、C 轮甚至更多轮次的投资人投资入股。在各类股东按照资金投入获得股份之外，最好按照 AB 股、一致行动、投票权委托、持股平台等制度性安排保证创始人以及创始合伙人团队获得更大的投票权，以按照企业创立宗旨有效掌控企业。

三、筹资源

首先是客户端资源。营销创始合伙人要负责招募种子用户和战略用户，并能够协调一致地服务好企业初创阶段招募的种子用户和战略用户。营销创始合伙人还要亲力亲为地筹集企业营销链构建所需外部资源，包括渠道分销商、终端零售商及市场推广所需媒介资源、其他营销外协机构资源。外部资源的获取以战略联盟、经营合作为佳。

其次是供应端资源。产品创始合伙人要亲力亲为地筹集企业产品链构建所需的外部资源，包括产品零部件供应商、产品研发及测试所需基础设施、其他研发外协单位及专家顾问。外部资源的获取以战略联盟、经营合作为佳。运营创始合伙人要亲力亲为地筹集企业供应链构建所需的外部资源，包括产品零部件供应商、产品生产外包所需工厂基地、其他生产及物流外协单位。外部资源的获取以外包服务、经营合作为佳。

最后是管理端资源。创始人要在创业伊始，根据外部需求和机会、自身资源和能力，明确规划一个主要面向未来主流市场需求的事业领域，坚定使命、愿景及价值观，设计商业模式和投融资模式，招募创始合伙人团队，及时打造有特色的创业文化。创始人要负责聘任战略营销、投资财税、人力组织、法务风控、信息数据等外部专家，尽力控制短期人力成本。产品创始合伙人要在加盟伊始，负责参照创始人的使命、愿景、价值观及战略规划，围绕选定的事业领域，选择一个当下可以服务现有利基市场需求的产品和服务组合，负责分阶段推进产品规划、研发、测试、推广等产品管理模块的资源获取和能力建设，能够协调一致地服务好企业初创阶段的产品开发和客户推广。运营创始合伙人要在加盟伊始，负责参照创始人的使命、愿景、价值观及战略规划，以当下产品规划为导向，负责制定以近期为主、兼顾长远的供应链规划，负责分阶段推进产能、采购、仓储、物流、质量等供应链管理模块的资源获取和能力建设，能够协调一致地服务好企业初创阶段的产品工程化开发、小批量试制生产。营销创始合伙人要在加盟伊始，负责参照创始人的使命、愿景、价值观及战略规划，以当下产品规划为导向，负责战略用户、种子用户的选拔和服务，负责分阶段推进渠道、终端、市场、客服等营销链管理模块的资源获取和能力建设。

创始人则要亲力亲为地参与筹集企业价值链构建所需的各项外部资源，包括客户端资源、供应端资源、管理端资源，外部资源的获取可以采取出资采购、战略联盟、经营合作、股权债权等多种方式获取（见图2-2）。

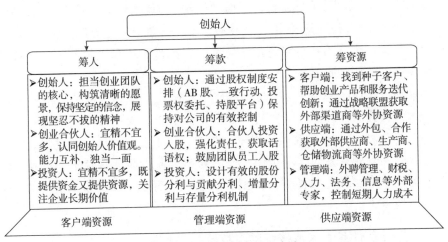

图2-2 创业合伙人管理方法

注：创业合伙人管理方法就是遵循外部有效性和内部一致性原则，创始人牵头负责筹人、筹款、筹资源，构建企业价值链体系和创业合伙人管理体系，推进企业创建。

第三节　温氏集团创业合伙人管理实践

温氏集团创业合伙人管理实践源于创始人温北英先生的大同主义理想。温氏集团通过构建"场户合作、代购代销"模式，进而创新"公司+农户"模式，带领亲友合伙开创养殖事业，践行"精诚合作，齐创美好生活"的事业发展理念。

一、畜禽养殖事业领域的选择

（一）居民膳食改善需求的牵引

温氏食品股份有限公司（以下简称温氏集团）起步于20世纪80年代初。当时我国经济基础非常薄弱，居民膳食结构依然以延续千年的植物性饮食为主，基本上是米饭或馒头、蔬菜及汤的组合。我国传统饮食模式中，能量基本上能够勉强满足需要，所谓"吃饱"，动物性食物较少，蛋白质、脂肪摄入不足，营养密度较低，膳食质量不高，难以"吃好"。那时，营养缺乏症是我国严重的社会问题，也是我国饲料行业从起步阶段至今一直是免税类商品的深层原因。

从经济长周期来看，随着改革开放进程的逐步深化，国民经济实力的渐进增强，我国居民蛋白膳食的有效市场需求将会长期可持续地增长。在我国改革开放40多年的发展历程中，畜禽养殖事业在为居民膳食供给肉蛋奶等蛋白类营养素方面居功至伟，畜禽养殖产业也因此培育出了伊利、蒙牛、希望、圣农等一批优秀的大型农牧企业，符合"大产业孵化大企业"的经济逻辑。

（二）农村畜禽养殖传统的支撑

温氏集团创办于广东省云浮市（创办时在行政区划上隶属于肇庆市）新兴县簕竹镇，当地属于粤西山区，素来有畜禽养殖传统。当地畜禽养殖基础，一方面来自于在广东省内经济结构的功能布局安排，即粤西山区发展畜禽养殖业，供给珠三角发达城市群市场；另一方面来自于改革开放初期新兴县需要出口畜禽产品到港澳地区，以换取外汇，支持家乡建设。俗话说，一方水土气生养一方人，同样道理，一方经济基础育一方企业。温氏集团选择畜禽养殖事业，在当地有深厚的群众基础和经济基础，符合群众发家致富需求和地方经济发展需要。

（三）畜禽养殖产业组织的缺失

我国改革开放初期，农村畜禽养殖主要是乡镇集体所有的畜禽养殖场，规模偏小，养殖效率低下，普遍缺乏竞争力，无法对周边个体养殖户形成有效组织和强力带动。县城的国营饲料厂主要负责生产，因为饲料供不应求，没有市场化推广、产业化经营的压力和动力。也就是说，改革开放初期的农村畜禽养殖处于产业化经营空白期。

（四）创始人成功经验的驱动

温氏集团创始人是温北英先生。温北英，字翰章，簕竹镇石头冲村人。温北英的父亲是民国时期石头冲村的第一个大学生。温北英毕业于肇庆市师范学校，在书香门第长大，自幼接受儒释道文化熏陶及新式教育影响，加上幼年受到动乱伤害，领悟到人是很难独善其身的。因此，温北英很小就形成了大同主义思想，发自内心地希望人们都可以一起生活得更好。

改革开放之前，温北英有 20 年的养鸡技术学习和亲身实践经历，曾担任过生产队养鸡技术员，是当时远近闻名的养鸡能手，这为他后来创业养鸡储备了强大的"技能包"。改革开放之后，温北英有 5 年新兴县食品公司技术干部工作经历，这又为他在簕竹镇上带头创业储备了社会资历，奠定了较好的产业洞察和经营资源基础。

创业合伙人招募的根本基础是创始人。现在是大众创业、万众创新时代，不少创始人在资本市场上路演时经常畅谈自己和团队的初心，但并不是每位创始人及其创始团队都像温北英一样，在幼年即受到巨大人生挫折和深邃生命感悟，长大后无论经历多少艰难困苦，都能矢志不渝地坚信笃行自己的人生理想和生活信念。

二、温氏集团创业合伙人的招募

1983 年，47 岁的温北英从新兴县食品公司技术干部岗位上停薪留职，回到农村老家簕竹镇创业。创业伊始，温北英一共找了 7 位创业合伙人。

首先，温北英带上了自己高中毕业的二儿子温鹏程。当时温鹏程已经有了几年牵头带队伍承包养猪场的初步成功经历，但因为产业政策限制而不得已放弃了养猪事业，转而追随父亲开创养鸡事业。

其次，温北英又找到了同宗兄弟温木桓、温金长、温湛。温鹏程也找到了上学时的同桌严百草，其高中毕业后就跟温鹏程一起创办养猪场，一直同甘共苦地创业。

最后，温北英找到了梁洪初和温泽星。梁洪初是温北英的至交好友，当时在新兴县食品公司东成食品站当站长，温泽星则是时任簕竹公社党委书记。梁洪初和温泽星并不到鸡场工作，只是出资表示对事业的支持。但在改革开放之初，除了珍贵的资金支持，梁洪初和温泽星的体制资本或社会关系，对于温氏集团的初期发展来说也是很难得的社会资源。

创业初期，创始人找家人、找熟人及找朋友做创业合伙人是一种普遍、有效而又不得已的做法。温氏集团创业合伙人团队一开始就以家族成员为主、朋友为辅，具有家族企业的一般特点。而温氏集团创业合伙人团队又超出了纯粹家族企业的范畴，可以算是扩大了血缘关系的类家族企业。这种创业合伙人团队构成的优点是带有较强的家族企业的凝聚力和向心力，缺点是在我国"情理法"的社会逻辑体系中，做事容易没有原则，家族成员和熟人朋友不好管理。好在温北英无论在文化学识和做人胸怀上，还是在技术实力和社会资历上，都大大高于其他创始合伙人很多，自然而然地就形成了领导势能，所谓事实上的"一言堂"，通过领导力保证决策效率。

三、温氏集团创业资金资源的筹集

养鸡需要一定规模的启动资金，20 世纪 80 年代初，刚刚改革开放，大家都不富裕。温北英考虑自有资金仅够开创事业，但要做大事业，需要募集更多资金，所以就鼓励创业合伙人都带着资金来创业。

温北英跟创业合伙人商量，自愿入股，当然也可以随时退股，给大家留了退路。经过大家讨论协商，决定每人入股 1000 元，8 人共集资 8000元，以温鹏程的名义，一起创办了勒竹畜牧联营公司。

这种股权结构的最大特点是没有大股东。温北英和温鹏程的股份加在一起为 25%，家庭股份最大但并非控股股东，甚至没有到可以行使否决权的 34%。这种股权结构的优点是容易形成民主的文化氛围，缺点是没有绝对大股东，在充满不确定性的创业期，决策时容易出现意见不合、决策迟缓的难题，特别是在危难时刻更容易出现缺乏主心骨、无人担责的尴尬局面。

好在创业合伙人非亲即友，温北英是创始人，又是召集人，凭借着感情关系和能力基础，自然就形成了相对大股东对企业的相对控制力。同时，由于相对大股东连相对控股都谈不上，这又为后面推动全员合伙的股份制扩张打下了法理逻辑层面，以及心理认同层面的基础。在实践中，我们观察到，不少企业在创业期，老板拥有绝对控股或相对控股权力，也因此形成了"一言堂"，或即使形式上民主，实际上还是独裁的文化氛围，导致后来发展过程中，老板想释放股份，甚至推行全员持股，其他股东、高管或员工也因为一直没有体验到民主决策的感觉，对持股比较淡漠，对做主没有信心，而老板却不知所以，颇为尴尬。

除了筹集资金，就是筹集资源。温北英本人拥有 20 年养鸡经历和丰富的养鸡技术，梁洪初和温泽星两位股东的社会身份，为温氏集团开展经营提供了一些社会资源支持。除此之外，一个重要的资源，就是创业合伙人的身份和创业合伙人的劳动，创业合伙人既是股东，又是员工，养鸡既是一个风险很大的事业，也是一个体力劳动非常繁重的工作。创业合伙人都是踏踏实实、任劳任怨的劳动力，这在以手工劳动为主的创业初期，创业合伙人团队的热情投入和担当精神，为温氏集团创业成功奠定了坚实的人力资源基础。

四、温氏集团创业合伙人的事业经营

（一）主业专注于养鸡

1983 年创业伊始，温氏集团租赁镇上的农机所大院，在簕竹镇创办了簕竹鸡场，注册成立了新兴县簕竹畜牧联营公司。1985 年，全国开展公司整顿，新兴县簕竹畜牧联营公司被迫改名为簕竹鸡场。

像很多创业企业一样，温氏集团创业初期的工作没有太具体的分工。挖塘泥、修塘基、开荒地、除杂草、打泥砖、建鸡舍、孵小鸡、买饲料、喂鸡食、扫鸡粪、卖肉鸡等工作，都由温北英带着大家一起干，饭也一起吃。农村人不怕吃苦，大家每天工作十几个小时，都没有怨言。

温北英晚睡早起，对工作跟踪得很仔细，很到位。他比任何一个创业合伙人上班都早，比任何一个创业合伙人下班都迟，甚至晚上十一二点都还在巡视鸡舍。

对于创业期的经营来讲，创始人带头奋斗犹如"亮剑"，比任何口号都更有影响力，比任何组织分工设置和岗位职责定位都有效。温氏集团的"精诚合作，齐创美好生活"企业文化，在创业初期就奠定了坚实的基础。

2009 年金融危机之后，我国很多成功的企业家和资本家纷纷涉足农业领域。从实践来看，大都不太成功，从理论来看，开创一项事业，太看重资本投入和商业模式，往往会导致领导人脱离行业实际，在务虚层面循环，战略难以落地，运营鲜有奏效。

（二）副业服务于筹资

随着饲养规模不断扩大，温氏集团的经营资金变得比较紧张。为缓解经营资金压力，温北英不得已带着大家搞副业。温氏集团的部分肉鸡销售给了新兴县食品公司，而食品公司需要对外采购炒好的黄豆作为养殖饲料。温北英带着大家一起加班，每天晚上要炒 2000 多斤黄豆，除了自用，大部分卖给新兴县食品公司，赚取每吨 150 元的加工费。

像很多初创企业一样，资金紧张，创始人往往会想尽办法筹措资金。筹资可以分为创始人自己筹集和创业合伙人团队集体筹集。当然，创业合伙人团队集体筹集是最佳选择，既是共担精神的体现，更是创业精神的塑造。温氏集团创业合伙人团队，在辛苦做好主业之外，还要做些相关联的副业，这是白手起家创业初期没有选择的办法，也是筚路蓝缕创业旅程中值得回味的苦涩记忆。很多成功企业，都有自己的创业故事，这既是对后来者的激励，也是警示，告诫大家要时刻保持艰苦创业的精气神。

（三）在供应端加强投资

1984 年，为保障鸡苗的有效供给，温氏集团创办了第一个种鸡场，自已孵化小鸡。一开始每个月孵化 300 只小鸡，后来逐步扩大到每个月孵化 800 只。一年之内就得到了高质量的学习曲线，展示了创业团队艰苦奋斗的态度和精益求精的能力。

到了 1985 年，温氏集团种鸡场可以做到每月孵化 1000 只小鸡，这样就初步满足了簕竹鸡场的自养需要。规模化的自繁、自育、自养是走向产业化经营的基础。

（四）在需求端加强拓展

由于是规模养殖，为及时销售成鸡，大家不得不骑着自行车，蹬着三轮车，到处走街串巷，拓展销路。1984 年 2 月，温氏集团在新兴县城开办了第一家肉鸡销售部，算是从"运动战"升级为"阵地战"。1985 年下半年，温氏集团到肇庆市办起了第二家肉鸡销售部，市场从县城拓展到地级市。

当时，温氏集团出产的肉鸡，主要靠两个销售部销售，有时也有一部分交给新兴县食品公司和外贸部门收购，同时还有一些运到开平、深圳、广州、南海大沥等地销售。这种混合型销售模式一直运行到 1989 年下半年。

（五）在管理端加强规范

1985 年春节，温氏集团放假期间，温北英独自复盘一年多的养殖经历，拟订了 36 条养鸡规则，包括"发展母鸡业，走自繁、自育、自养、自销之路；养鸡必须封闭消毒，要有严格的操作规程"等。从这些朴素的规则当中，我们能够感受到温北英的产业思维和科学素养。

凡事预则立，不预则废。作为创始人，必须具有把企业使命和愿景落实到系统规划和规范运营上的执行能力。能制定系统的规划，必须具备勇于实践、勤于总结、善于分析、精于归纳的学习能力。能执行规范的运营，必须具备亲力亲为、标准作业、动态评估、持续改进的行动能力。温北英就具有在实践中及时总结经验教训，在理念指导下提炼有效方法论，并付诸实践和持续改进的能力。也只有这种知行合一的领导能力，才能保证初创企业及时走出混沌，快速形成体系，持续提高生存能力，不断扩大事业发展。

到 1986 年 7 月，经过 3 年的艰苦创业，簕竹鸡场做到了每月养殖种鸡 300 只、肉鸡 8000 只，成长为一家在簕竹镇远近闻名的自繁、自育、自养、自销的小有规模的养殖企业。

（六）在困顿中转型经营模式

1986年，簕竹镇的农户何凤林经营砖窑生意失败，找到温北英，希望免费赊购一些鸡苗，转型开展养殖事业。温北英认为何凤林没有养鸡所需的基本技术，失败的风险很大，这样即使送他鸡苗，再次经营失败对他的打击也会很大。为了帮助何凤林渡过难关，早日还清债务，温北英不但免费提供鸡苗给他，而且利用自己的科学养鸡经验，为他提供优质饲料、防病方法及养殖技术，并帮助他完成肉鸡上市后的销售。这样，一次尝试即成功的何凤林就成为温氏集团的第一个合作养殖户。

本节开头我们谈到，簕竹镇素有养鸡传统，只不过大都是一家一户自繁自养，只有簕竹鸡场是镇上第一家兴办的成规模的民营养鸡场。随着何凤林与簕竹鸡场合作养殖的成功示范，这种无意中实践出来的模式，吸引了周边村民纷纷来找簕竹鸡场购买鸡苗，同时委托簕竹鸡场代购饲料、代卖肉鸡，因为一家一户地去县城购买饲料和贩卖成鸡要花费很多时间和路费，总体成本太高。

到了1986年，经过3年的持续奋斗，簕竹鸡场原有养鸡场地已经不能满足扩大再生产的需要，原有的经营资金也持续紧张，经营陷入了发展困境。

受到经营资金紧张的困扰以及合作养殖成功经验的启示，温鹏程提出了一个大胆的经营思路，就是采取"场户合作、代购代销"方法，与何凤林这样的养殖户合作，既解决簕竹鸡场资金困境，又解决周边养殖户经营难题。

适应潮流和引领潮流，谁先谁后并不重要，重要的是潮流适应者或引领者自身要具备敏锐的洞察力和强悍的执行力。温鹏程先生就具备这种能力。

1978年，我国农村开始实行"以家庭联产承包责任制为基础，统分结合的双层经营体制"。在实际实施进程中，只落实了前半部分，而没有落实后半部分。因为生产队和合作社解除后，农村一下子变得群龙无首，真是打散容易，聚合困难。

温氏集团通过帮助何凤林走出困境而采取的"场户合作、代购代销"方法，无意中打通了构建"统分结合的双层经营体制"的"任督二脉"。这样，温氏集团可以不用自行扩大经营场地，而是利用一家一户的自有经营场地，也不用增加经营资金，而是利用一家一户养鸡积攒下的本钱，通过转变经营模式，构建产业体系，把大家组织起来，一起把事业规模做大。

刚刚走向市场的农民，一无做大的资本，二无做强的技术，三无稳定的市场，靠单打独斗闯天下、发财致富难上加难。温氏集团推行的经营模式，就是后来传遍全国的"公司+农户"模式。温氏集团一方面不断增加覆盖养鸡全流程的各种产品和服务，另一方面不断把分散的养殖户组织起来。温氏集团将大量低效率、小规模的养殖户由散兵游勇的状态转变成一股经营合力，形成了我们在理论上常讲的"组织起来的力量"。

到了 1986 年 7 月，温北英制订了办场宗旨——"造福员工、造福社会、科技兴场"，并考虑将经营模式由全部自营转型为一半自营养殖、一半合作养殖，逐步培育外部合作养殖户。到了 1987 年下半年，经过一年的双模式并行、拐大弯发展，勒竹鸡场已有合作肉鸡养殖户 36 户。温氏集团决定全部采取合作养殖模式。

1986 年，温氏集团营收 36 万元，利润 5 万元。1987 年，温氏集团营收 100 万元，利润 8 万元。1988 年，温氏集团营收 235 万元，利润 38 万元。经营模式的转型，驱动温氏集团踏上了新的发展快车道。

（七）在危机中升级经营模式

1989 年，我国经济发展从过热进入低谷，导致肉鸡市场深度疲软，养殖户的成鸡卖不出好价钱。危机时刻，温北英提出了"综合效益观"理念，简单来讲，就是保护养殖户利益，本该由养殖户承担的亏损由温氏集团承担。温氏集团一次性承担的损失再从其他经营环节、其他经营周期弥补。在综合效益观指导下，勒竹鸡场取消代购代销政策，改为对养殖户保价回收肉鸡，再降低销售价格，吸引当地和周边肉鸡运销户帮助分销。

从短期来看，养殖户的抗风险能力较弱，而温氏集团的抗风险能力较强，短期遇到系统性风险，由强者担当，就可以有效地保护弱者。这是产业化经营的精髓，但不是每个产业链主导企业都能有清醒的认知和博大的胸怀，践行"成人达己"的协同经营理念。短期内保护了养殖户的生存能力，就是在长期内保护了养殖户的扩大再生产能力，也就保护了温氏集团长期可持续发展的合作基础。正是这种坚实的合作基础，给了合作养殖户信任，给了温氏集团创业合伙人团队信心。有了信任和信心，温氏集团就可以加大研发和供应链投入，带领养殖户更有竞争力地走向未来。

经历了这次危机，温氏集团决定升级经营模式，从过去的"场户合作、代购代销"升级为"全面服务、保价收购"的"公司+农户"模式。简单来讲，就是簕竹鸡场向合作养殖户提供鸡苗、饲料、兽药及全过程养殖服务，并按事先约定的价格回收合作养殖户的成鸡。

这种"公司+农户"模式后来在全国各地被广泛采用，但真正做成功、做长久的不多。究其原因，还是龙头企业的价值观问题，以及基于这种深层次的价值理念，在高风险的养殖行业遇到危机时展现出来的责任感和担当精神。所谓"路遥知马力，日久见人心"，从古至今，诚信始终是一种稀缺资源。

五、温氏集团创业合伙人的团队管理

（一）共担共创的艰辛

温氏集团创业初期，温北英规定，所有人每个月的工资一律为30元，员工不论学历、工龄，收入一致。这种工资制度反映出温北英笃信的"共富梦"理念，创始人、创业合伙人和员工没有岗位之分，有事一起做，没有等级之分，共同低收入，一起艰苦创业。

2015年开始，在"大众创业、万众创新"浪潮中，我们看到很多创业团队，特别注重标榜自己的创始人、创始合伙人、联合创始人身份，以便与后加入的合伙人形成区隔，和普通员工形成差异，同时在社会上找到外部认同感和自身成就感。从温北英带队创业期间的理念和做法，我们看到高层次的、也是朴素的创业合伙人理念和实践，强调的更多是事业责任担当，而不是个人身份彰显。

1984年，温氏集团从外地购进的8万只鸡苗因为发病，最后只剩下2.5万只。这批肉鸡养到85天后又生病，为减少损失，温氏集团便赶紧将没发病的肉鸡运到市场贱卖。之后，温氏集团还曾经养过一次育肥鸡，但育肥长大后却不符合出口标准，外贸部门不收，致使温氏集团陷入经营困境。那段时间，不参与温氏集团日常经营的创始合伙人温泽星因为工作调动，退股离开。每月30元的工资也让创业合伙人对温氏集团的未来产生怀疑，除温泽星外，又有3位创业合伙人找到温北英要求离开温氏集团。温北英没有指责他们，只是表示歉意，并欢迎大家随时回来。温北英对留下的合伙人承诺，只要经营好转，就给大家涨工资。

在困难的时候，合伙人离开是情有可原的，毕竟每个人都有自己的生存压力，有权选择调整。这时候，创始人和领导者能以平常之心和自省之心来面对合伙人的离开，而不是指责和埋怨，正是责任和胸怀的展现。这样，才能够给留下来的合伙人以信心，相信一切都会好起来，同样，能够给离开的合伙人以暖心，毕竟曾经一起不分白天黑夜地奋斗过。当然，在困难的时候，能够留下来或新加入进来共同承担风险的创业合伙人及员工，才是组织未来发展的中流砥柱。像温鹏程等人就坚定地留了下来，并成功地担负起了第二代领袖的职责。基于这种文化氛围，温氏集团的高层领导团队，基本都是内部提拔的，基本都是在公司奋斗了十几年甚至几十年的老员工。毕竟，时间是考察能力与忠诚的试金石。

（二）共创共享的欢欣

1985 年，随着 36 条养鸡规则的出台，鸡场有了严格的规程，肉鸡成活率开始保持在 95% 以上。这时，肉鸡市场也越来越好，基本上产多少销多少。很快，温北英把员工月工资涨到了 100 元。发工资时，大家都说："好了，可以去买条新裤子穿了。"

创业的农民，再朴实不过。我们考察创业企业，最愿意看到的就是幸福更多地落到这些厚道的创业农民身上。温北英也是在邀请大家有风险一起承担之后，初步兑现了有幸福一起分享的庄重承诺。

（三）共担共享的股权

1984 年，随着温氏集团养殖规模的逐步扩大，陆续招募了不少新员工。那时银行很少借钱给私营企业，鸡场每月要养约 5000 只鸡，温氏集团只能自筹资金。温北英邀请温氏集团 30 多位新员工集资入股，500 元半股最好，100 元也行。员工也是有多少拿多少，积少成多，对温氏集团经营还是起到了很大的帮助。投资入股，不管多少，都会让新员工产生主人翁般的股东感觉。温氏集团创业初期的同等工作量、同等工资收入安排，很好地淡化了先期加入的创业合伙人和后期加入员工之间的身份认同差异，很容易就打造了和合创业氛围。

1985 年，温氏集团实行股权结构改革。按照"温氏食品，人人有份"的理念，由 7 户农民集体承包的联户股份合作制企业变成由全场 43 位劳动者全员承包的全员股东型股份合作制企业。全体员工累计入股十几万元股金，大大缓解了鸡场的流动资金压力。这一企业理念在当时算是非常超前的，而这一制度创新也为温氏集团的成功奠定了长远的、坚实的资本基础。

1986年底，经营有了利润，温氏集团实现了第一次按股分红。温氏集团将经营利润的40%用于分红，40%用于工资，10%用于福利，剩下的10%作为公积金。当时温氏集团的福利主要包括住房和免费上学等，基本上是平均分配，这种"等贵贱、均贫富"的福利分配模式是我国几千年来农耕文化中的大同理想。

温氏集团选择的养殖事业，具有投资大、风险大、收益迟的行业特征。温北英设计的投资和激励机制，兼顾了长期利益和短期利益，兼顾了劳动收入和资本收入，蕴含着"共同富"理念。温氏集团的这种利益分配机制维持了几十年没变，由此可见，好的利益分配机制具有跨越多个以3年为长度的经济周期的生命力，这在农业这种长周期产业经营中更具有现实意义和长远价值。

经历了创业期的同甘共苦、波峰波谷，建立起了共创的事业机制、共担的风险机制、共享的利益机制，温氏集团成功走过了创业期。

第四节　梯田云创业合伙人管理实践

梯田云创业合伙人管理实践源于龙润集团一直以来倡导的管道理论，通过构建国有控股的混合所有制电商产业扶贫龙头企业，成功践行了"输血"和"造血"融合。"扶贫"和"致富"并举的新型政企农合伙创业之路。

一、县域电商扶贫事业领域的选择

（一）县域电商经营主体匮乏

发展县域电商，需要高质量的县域电商企业和农业合作组织作为经营主体，需要大量电商平台开发运维技术人才，需要大量电商营销运营策划人才。这些经营主体和经营人才，即使在大中城市都是稀缺的，何况在老少边穷贫困地区。

在扶贫实践中，一些县域电商经营主体往往是县域其他产业的龙头企业、新兴的农业专业合作社。这些经营主体的领导者和管理者大都缺乏电商基础知识，缺乏电商企业经营管理经验，给予电商从业人员的工资较低，对电商从业人员的信任较差，往往导致电商从业人员招聘难、管理难、保留难。这些经营主体大都难以开发和运营出高质量的网店或商城，进而也难以整合县乡村多元电商经营主体，而这又从整体上导致了行业规范不足和各主体之间协调不力。在具体经营过程中，在大型电商平台上出现各经营主体单打独斗、竞相压价等内耗问题，致使对外部消费者吸引力下降，本县电商产业整体竞争力下降，广大农民参与电商经营的积极性下降。

在行政管理上，农产品电商产业链条很长，涉及利益主体多元，电商扶贫和其他扶贫数据难以在线关联，县域商务部门往往难以有效统筹其他政府部门的资源和项目。由于缺乏高质量的电商经营主体，缺乏高效能的政府对县域电商平台的规划和运营监管，往往出现各经营主体各自为战、各政府部门各自为战现象，无法有机统筹县乡村内部电商运营体系，无法高效运营县乡村外部电商推广矩阵。

（二）外部电商平台带动低效

我国电商起步和发展于东部发达城市，广大农村的电商市场被视为最后的电商蓝海，伴随着国家扶持政策的陆续出台，县域政府积极引进各大电商平台进入县域市场。各大电商平台借势到农村跑马圈地，带来了先进的电商理念和平台服务，但也有县域因急功近利、缺乏规划而引入多家大型电商平台，出现了大型电商平台之间过度争夺资源、频繁恶意竞争问题。

在扶贫实践中，发达地区成功经验难以简单复制和有效推行，外部大型电商平台对本地的带动也没有想象的那么顺利。随着县域电商的发展，广大农民的积极性被带动，但电商行业天然存在价格敏感、竞争激烈的特性，叠加"丰产后谷贱伤农"的传统经济规律，加之各大电商平台和广大农民的利益联结机制不强，最后受伤的往往是广大农民。

在运营实践方面，各大电商平台的运营管理依然在总部操作，县域市场只是其线下引流的一个基地，这种模式无法帮助县域培养自己独立的电商运营主体和完整的产业运营能力。

随着从各大电商平台获取流量的成本越来越高，县域政府或县域电商企业及农业合作组织开始着手建设自己独立的电商平台，整合县乡村的电商经营资源，减少对大型电商平台的依赖，但由于政府和经营主体的能力有限，县域电商平台建设普遍艰难和迟缓。

（三）贫困地区产业基础薄弱

我国贫困地区主要分布在老少边穷山区，基础产业主要是种植业和养殖业。多数贫困地区地形复杂、平坝狭小、交通闭塞，导致农业经营区域分散、产业规模过小、产品质量混杂，加工业和服务业落后，农产品议价能力不强。种植业和养殖业都较容易遭受自然风险和市场风险影响，县域政府驾驭产业风险的能力有限，个体经营为主的贫困户，由于意识观念落后、经营能力薄弱、抵抗风险能力低下，参与产业扶贫的意愿不强。

多年来，"家庭联产承包责任制、统分结合的双层经营体制"在贫困地区基本上没有得到落地执行，农业龙头企业和农业合作组织不强，产业经营缺乏合理组织，对贫困户带动成效较低。农产品深加工产业链建设滞后，电商龙头、产业龙头、农民及农业合作组织之间利益协调的信任机制缺失。有些扶贫企业借扶贫名义在县域开展其他产业经营，故意不合理地占用农民利益，而农民维权却很困难。

在扶贫实践中，构建产业经营体系是一项艰难的系统工程。在农业生产环节，主要存在农产品品种选择、农业生产田间管理缺乏标准化或标准执行不严等问题，农民没有按照标准来规模化生产农产品，龙头企业或农业合作组织没有制定农产品统一收购标准，缺乏标准化不利于在网络上打造农特产品品牌。在农产品流通环节，农村物流仓储设施建设滞后，大多数物流止步于县镇，分散的乡村农产品物流成为发展电商销售的制约瓶颈；农产品存在保鲜、防破损要求，土特产品包装费用大，冷链仓储物流设施配备不足，加之物流运输费用偏高，农产品电商价格竞争力薄弱，交货质量难以保证，还容易引起交易纠纷。在农产品电商销售环节，网店运营成本越来越高，据估算，在大型电商平台开设一个专卖店铺，其中保证金、管理费、仓储设施租费、雇请人员费用、网络设施费用等需20余万元，这让普通县域龙头企业和农业合作组织望而却步，更不用说广大农民；虽然大部分农村的网络村村通已基本形成，但网络信号差、速度慢、费用高等问题依然不同程度地存在，硬件设施配套不完善，严重影响了农产品电商的日常经营。

产业资本供给不足也是制约产业扶贫的一个重要因素。我国贫困地区税收来源单薄，财政转移支付有限，政府缺乏足够的资本投资产业。县域龙头企业实力普遍孱弱，银行贷款、保险保障供给不足，而外域有实力的大型企业又缺乏足够的投资动力和回报耐心。在扶贫实践中，"两免"小额贷款发放比率普遍较低，贫困户落实贷款相关手续困难，产业扶贫资金往往闲置与违规使用并存；有些外域企业借扶贫之名行跑马圈地之实，有些产业项目没有产生效益，甚至造成较大损失；县域政府普遍深感扶贫产业选择难，产业项目推进慢，产业扶贫不好搞。

（四）贫困地区人力资源不足

我国四十多年改革开放的过程，也是优秀农村人口向城市逐步转移的过程。目前，我国贫困地区青壮年劳动力大多外出求学或务工，留守人员主要由老人、妇女和儿童组成。人力资源匮乏造成贫困地区经济发展受阻，落后的经济环境又难以吸引外出求学和务工人员回乡发展，形成恶性循环。扶贫对象普遍受教育程度低、产业技能差，甚至身残或智残，作为产业发展中的弱势群体，天然存在对陌生的电商扶贫信心不足。

在扶贫实践中，最主要的是缺乏产业扶贫带头人，特别是电商产业扶贫带头人。在具体操作上，有的县域只能做到组织青年人开网店，卖土特产；有的县域只能做到"抱大腿"，委托大型电商平台来操作；有的县域只能做到请专家做研究、写规划、建大楼、搞培训，产业项目却迟迟难以落地。

我国贫困地区从政府到企业、再到乡村农民，思想观念普遍落后于发达地区十几年甚至几十年。很多县域政府积极吸引外出打工或创业有所成就者、大学毕业生、退休干部和职工、退伍军人等本地能人回乡创业，促进地方发展，但受制于地方产业基础薄弱、思想观念落后等现实状况，回乡创业人数非常有限。

二、元阳县电商产业扶贫主体的选择

（一）元阳县委县政府规划发展电商产业扶贫事业

我国商务部从 2014 年开始推进电子商务进农村综合示范工作，国务院扶贫办从 2015 年初开始推进精准扶贫十大工程，"电商扶贫"位列十大工程之一。

2015 年，元阳县委县政府敏锐地意识到电商扶贫的重要意义和长效价值，通过整合全国、全省智库资源，系统研究了党中央国务院相关文件精神、云南省红河州相关规划政策、全国各地电商扶贫相关经验及其他扶贫模式相关经验。

元阳县委县政府以国家战略政策为指引，以元阳产业实际为基础，以全国扶贫经验为参考，开展全方位论证，形成系统化方案，按照整体设计、分步实施、动态进化原则，有策略、有计划、有步骤地践行电商产业扶贫事业。

（二）元阳县委县政府规划培育混合所有制经营主体

元阳县委县政府通过系统梳理电商产业扶贫及其他扶贫模式的重点和难点，明确通过发展混合所有制，培育电商经营主体、构建产业经营体系两大相辅相成的出发点和归宿点，聚焦精准施策、精准扶贫，希冀长效脱贫、长效致富。

从元阳县的优势来看，元阳梯田世代生产的红米实乃网红首选，这一品牌产品的选择集成了万年红米、千年梯田、百年生态等多元文化要素，可以为差异化品牌内涵挖掘提供源源不断的文化养分。元阳县地处老少边穷山区，必须发展适度规模经济的高端生态产业。这种稀缺的品牌资源，是吸引民营企业参与创业的产业基础。

从元阳县的劣势来看，电商作为大零售的子业态，受制于差异化、品牌化制胜规律，元阳县作为贫困县，缺乏发展品牌化产业、网红化电商的经营基础和人才资源。这种劣势，需要引入民营企业作为创业合伙人来补强。

（三）元阳县委县政府选择龙润集团作为创业合伙人

元阳县委县政府在选择创业合伙人时，不再局限于元阳县或红河州，而是把重点放在总部在云南省会昆明市的全国性运营的民营企业集团。

经过慎重考虑，元阳县委县政府选择云南龙润集团有限公司（以下简称龙润集团）作为创业合伙人。龙润集团是云南省农业食品大健康产业龙头企业。元阳县主产的红米、茶叶、板蓝根等农产品，有些是龙润集团生产经营所需的原料，有些可以借助龙润集团在全国运营的线上线下营销网络进行销售，还可以借助龙润集团几十年开展全国经营所积累下来的关联企业资源帮助元阳县打造资本经营生态和产业经营生态。

在扶贫事业时间紧、任务重的宏观背景下，选择龙润集团就是选择现成的资本资源和当下的实践能力，符合"招之即战、尽锐出战、战之即胜"的原则要求。龙润集团是土生土长的云南本省企业，几十年扎根云南本乡本土，以云南农特产品为经营根本，以回报社会的家国情怀为理想抱负和坚定信念，几十年来一直坚持捐赠希望小学，帮助省内各地州县发展农业食品大健康产业。这样的企业在扶贫过程中，重点不会放在企业短期盈利方面，而是站在国家扶贫战略高度，把尽快帮助农民脱贫致富放在首位。

伟大的事业需要坚强的领导。元阳县委县政府决定与龙润集团合作，成立国有控股混合所有制电商产业龙头企业，激活国有资本、民营资本，以辩证唯物主义思想解决"扶贫是政府职责、致富是企业职责"这一传统割裂的悖论关系，重构和践行"扶贫是为了致富、致富是为了扶贫"这一新型政企农可持续发展理念，按照管道理论的"通"和"养"的辩证原理打通"输血"和"造血"之间的管道，打通"扶贫"和"致富"之间的管道。在实际运营混合所有制电商龙头企业过程中，既要避免政府过于强势而湮灭了企业活力，又要避免民企过于强势而走上名为扶贫实为逐利的歧途。元阳县委县政府和龙润集团共同商定参照国家政治协商机制，参考事业合伙人管理的共商、共建、共担、共享原则，建立国资、民资混合经营的协调决策机制，为打通电商与产业之间的管道奠定资本、组织及领导基石。进而，在龙润集团及其下属企业、关联企业的帮助下，合资成立的电商产业龙头企业作为运营平台，协同县乡村各级政府、农民及农业合作组织，逐步实施电商产业精准扶贫计划。

三、梯田云公司的组建

（一）公益先行，把企业的家国情怀转化成信任基石

2013 年 11 月 26 日，习近平总书记同菏泽市及县区主要负责同志座谈时提到"贫困之冰，非一日之寒；破冰之功，非一春之暖"。为尽快推进电商产业扶贫战略落地，又避免给脆弱的县域经济带来过多压力，龙润集团

直接委托旗下一片林公司（云南一片林网络科技有限公司的简称），按照公益先行理念，围绕粮价低、卖粮难、农民种粮积极性不足问题，启动"电商+红米"模式，实现了元阳县"互联网+"零的突破，把企业的家国情怀转化成实实在在的精准扶贫行动，即"脱贫攻坚需要解决突出问题"。

2016年，在元阳县委县政府协助下，一片林公司委托粮食公司（元阳县粮食购销有限公司的简称）收购红稻、加工红米，通过自有电商网络，实现电商订单68123单，销售额505.99万元，销售红米16.69万斤，精准帮扶1650户贫困户，带动5600户种植梯田红米2.8万亩，其中建档立卡贫困户2869户。一片林公司助力哈尼梯田红米走向全国，践行了"脱贫攻坚是干出来的"理念，初步取得了政府、农民及农业合作组织的信任。

（二）实践成功，元阳县委县政府加强顶层规划和基建投资

伴随着龙润集团公益电商扶贫的逐步成功实践，2015~2016年，元阳县先后编制了《元阳生态县建设规划》《红河哈尼梯田核心区保护利用总体规划》《元阳县旅游发展总体规划》《红河哈尼梯田世界遗产地生态旅游可持续发展规划》《元阳县脱贫攻坚规划》《元阳县农业产业发展规划》《元阳县哈尼梯田红米产业发展三年行动计划》，初步完成了县域农业产业及关联产业发展的顶层设计，有计划地为电商产业扶贫提供产业发展的政策支撑。2016年，元阳县的哈尼梯田成功列入世界文化遗产名录，《哈尼古歌》在意大利米兰世博会成功驻演，元阳梯田品牌价值的不断扩大为发展电商事业提供了强有力的地域品牌支撑。元阳县的自然村通路率达99%，城乡4G网络覆盖率达74%，城镇网络覆盖率达100%，行政村通宽带率达65%，为发展电商、移动电商提供了越来越完善的基础设施支撑。

（三）政企合作，打造电商产业扶贫全产业链

政企合作，同样依循"只要有信心，黄土变成金"法则（2015年11月27日《习近平在中央扶贫开发工作会议上的讲话》）。通过"借船出海"，有了一片林公司的试验成功。2016年底，元阳县委县政府成立国有独资企业云上梯田公司（元阳县云上梯田电子商务有限公司的简称），并和一片林公司合资成立了梯田云（红河元阳梯田云科技股份有限公司的简称）。梯田云注册资金500万元，其中云上梯田公司持股51%，一片林公司持股49%，开始"造船出海"。一片林公司不仅负责为梯田云在县乡村开展电商产业运

营输送专业人才，尽锐出战，还在昆明市的公司本部为梯田云提供远程电商运营服务，做好"备胎"。

天时地利人和的成功汇聚，使元阳县电商产业扶贫模式高效落地，混合所有制的梯田云成功度过了艰苦的创业期。

第五节 婕斯创业合伙人管理实践

婕斯环球有限公司（Jeunesse Global Holdings，LLC）（以下简称婕斯）创业合伙人管理实践源于兰迪和温迪为创业者打造全球化创业平台的理想，通过邀请全球顶级科技人才和营销人才合伙创业，分享细胞优化产品，开创了一条交互式共享创业道路。

一、创业合伙人团队的组建

（一）细胞修复与再生事业领域的选择

1. 健康产业市场需求

2019 年，我国出台了《健康中国行动（2019—2030 年）》等相关文件，围绕疾病预防和健康促进两大核心，提出将开展 15 个重大专项行动，促进以治病为中心向以人民健康为中心转变，努力使群众不生病、少生病。大健康产业不同于传统医疗产业发展模式，需要从单一救治模式转向防治养一体化模式。

2020 年，我国健康产业规模达 8 万亿元，占我国国民生产总值的 6.5%，但相比美国等发达国家健康产业占 GDP 约 10%的比重，我国的健康产业发展还处于起步阶段。根据健康中国战略，到 2030 年，我国健康服务业总规模将达到 16 万亿元，成为全球健康产业的最大市场。

我国健康大数据显示，我国高血压人口 2.7 亿人，高血脂人口超 1 亿人，血脂异常患者 1.6 亿人，糖尿病患者达 9240 万人。未来 20 年，40 岁以上人群慢性病的发病人数将会增长 3 倍，健康大数据不容乐观。到 2050 年，我国 60 岁及以上老年人口数量将达到 4.83 亿人，老年人口总消费将达到

61.26 万亿元。

2. 细胞修复和再生市场需求

美国抗衰老医学会的创始会长，被誉为美国"抗衰老之父"的蒋帕帕博士（Dr. Vincent Giampapa）认为，"对抗人类疾病与衰老等问题，细胞修复是解决健康的唯一出路"。如果说 20 世纪是药物治疗时代，21 世纪将是细胞治疗时代。

再生医学的发展，现在主要是干细胞的应用。近年来，干细胞可以直接治疗患者的技术，无论是研究还是临床都在逐年增多，全球干细胞产业正进入高速发展期。

修复医学和再生医学的应用领域，除了干细胞注射外，还有一种方式，就是通过对可入药的植化素进行萃取提纯，用于细胞修复和细胞再生。这种方式符合中医药的药食同源自然哲学。婕斯的内用系列产品就是按照传统中医药的配伍原理，结合美国生命科学原理和技术，为细胞优化提供主要用植化素制备的营养补充剂。婕斯的外用系列产品就是运用干细胞技术、水通道技术等诺贝尔奖级别的技术，将提取的细胞生长因子用于激活真皮部位沉睡的干细胞，让人重返年轻健康状态。

（二）创业合伙人的招募

1. 创始人

婕斯的创始人是一对美籍犹太夫妇，先生叫兰迪（Randy Ray），夫人叫温迪（Wendy Lewis）。

兰迪童年时代家境贫困，立志长大之后要创建一个让所有想努力的人实现梦想的平台。兰迪拥有信息工程和心理学双学位，累积了超过 42 年的计算机相关行业经验。兰迪曾服务过 NASA（航天飞机发射程序系统）、DOT（全国轮轨模拟系统）、个人脐带血银行和 ICCA（共同性美国癌症研究中心）等许多全球知名机构和企业。兰迪为这些企业提供电脑软硬件设计、销售及安装工程服务，服务项目金额累计超过 3 亿美元。兰迪被列入《国际名人录》，并于 2003 年和 2004 年获得佛罗里达州杰出商业人士奖。

温迪出生于美国中产阶级家庭，毕业于宾夕法尼亚大学，主修社会学和数学学位，并在坦普尔大学取得教育心理学硕士学位，是美国排名前五十位的精算师。1985 年，温迪和兰迪成立 AMSC 自动化医疗系统顾问公司。温迪是 AMSC 总裁，也是客户营运总监，负责所有的培训和支援服务系统，借由电话客服自动服务系统负责国内外所有的服务。在当时 450 家医疗管理供应商中，由于卓越的销售业绩和售后服务，AMSC 连续八年被业界评为医疗管理供应商第一名。

兰迪和温迪也是一家非常成功的网络营销顾问公司 Market Q Inc 的共同创办人。他们为许多网络营销公司提供后台系统的开发和运维服务、奖金发放系统及客户服务系统的开发和运维服务。他们自己也创办过一家网络营销公司，在全球构建了地区分公司和配送中心，建立了完整的多语言客户服务系统、物流中心系统、专业程序软件和网络后台系统，取得了非常优秀的成绩。

多年来，兰迪和温迪一直积极参与慈善事业和志工，他们发起了一项全球生态运动，使多个慈善组织受益，并成立了非营利性慈善机构婕斯守护孩童关怀计划（JEUNESSE Kids），该基金会致力于协助全球有需要的儿童。

多年前，兰迪的前膝盖软骨组织磨损，医生建议动手术，但手术后可能还要长期拄拐杖，兰迪决心寻找不动手术的方法。功夫不负有心人，兰迪找到了加州的纽曼博士（Dr. Nathan Newman）。纽曼使用干细胞医疗技术治好了兰迪的膝盖。

70 岁的兰迪和温迪本来计划一起退休，但治好了膝盖之后，兰迪发现了纽曼研制的赋活青春精华露有能够让皮肤修复和再生的功能，但每月销量只有几十瓶。为帮助纽曼推广赋活青春精华露，兰迪和温迪决定放弃退休计划，一起创办了婕斯公司。他们相信由婕斯公司来运营纽曼的赋活青春精华露，一年的销量将不止成千上万瓶。

2. 创业合伙人

兰迪和温迪邀请纽曼、蒋帕帕及吉姆（Kim Hui）女士加盟婕斯，并带上年满 30 岁的儿子刘易斯（Scott Lewis）一起创业。

纽曼出身于国际享誉盛名的美国医师家族，是美国国家 UCLA 医学研究中心的博士，是干细胞技术研发领域的国际领导者。纽曼专攻整形美容外科、皮肤外科、镭射治疗及整合性抗衰老技术等医疗领域。纽曼在美国洛杉矶环球国际影城比弗利山庄拥有一家国际知名的美容医学外科诊所，常年服务好莱坞国际明星和政界要员。英国剑桥大学因为纽曼在整形美容医师界的领导能力、专业付出和企业家精神，将他列入《剑桥国际名人录》，表彰他的成就。纽曼的人生哲学和座右铭是教育患者掌握正确的常识，因

此他不仅常常为 *LA Health News* 杂志撰写有关医美常识的专栏文章，也经常在电视节目和电台发表最新整容手术技术的发展，就是希望所有人能对皮肤和整形美容技术有更完整的了解，从而做出最正确的决定。2017 年 11 月 7 日，纽曼接受 CCTV4 新闻采访，向我国观众介绍成人干细胞技术在美国的应用政策。

蒋帕帕是美国哈肯萨克医学中心的主治医师、新泽西州立大学医学中心的临床修复副教授、细胞健康研究所创始人，是美国第一届抗衰老协会会长、美国第一款抗衰老健康食品发明人、美国太空总署营养医学顾问、美国多本抗衰老医学专著作者。蒋帕帕是全球第一位获得抗衰老政府认证和同时拥有内科、外科抗衰老执照的医师，他拥有 24 项有关细胞传递、干细胞和外科仪器设计的专利技术。蒋帕帕因其开发了首个衰老测量计算机程序，荣获了美国抗衰老医学科学院（A4M）科学技术奖。蒋帕帕因其以毕生精力研发的抗衰老保健品 Healthycell Plus，荣获了爱迪生奖。2014 年，蒋帕帕因其研究的技术可能对全球老龄化流行病的潜在影响以及未来医疗保健在人口老龄化的所有国家（特别是在美国）的财务影响，荣获了诺贝尔奖提名。作为全球抗衰老医学界的先驱，2015 年 12 月 2 日，蒋帕帕在北京大学医学部做了《全球抗衰老研究现状及未来》专场演讲，向我国高校师生介绍全球抗衰老行业发展趋势。

吉姆出生在中国香港，14 岁跟随父母移民美国。吉姆在美国长大，从小看着父母为美国的移民生活而辛劳，便早早立下志愿奋发向上，立志要做美国的百万富翁。吉姆努力考上了好大学，取得了良好的教育，并嫁给了南加州非常有名的医生。毕业后，吉姆一直在世界 500 强企业做财务管理工作，经过十几年的打拼，赚得了人生第一辆奔驰。实现了自己百万富翁人生理想的吉姆，开始关注丈夫的社区慈善工作，感受丈夫的奉献精神，学着自我启发内在潜能，由此走上了一段自我发现旅程。自我激活的吉姆，转行从事网络直销工作，主要是蜂蜜生意，做了十几年，赚得了又一个百万美元后，规划在家里相夫教子。就在这时，兰迪和温迪夫妇邀请吉姆一起吃饭，吉姆在做网络直销生意时，与兰迪和温迪有过愉快的合作经历。当吉姆看到兰迪走路不再依靠拐杖，相信了他们准备推广的赋活青春精华露的价值。兰迪和温迪还给吉姆介绍了干细胞技术和产品知识，修复医学及再生医学是 21 世纪的未来医学，抗衰老产业的未来趋势和巨大的市场前景，国际化营销平台和共享消费经济的巨大潜能。回到家里，吉姆将带回来的产品介绍给她的丈夫，丈夫看完产品和资料后，对吉姆说："这是非常好的产品，如果你做的话，可以帮助到全球很多人。如果你决定做，我会全力支持你，孩子和家里我会照顾好的！"有了丈夫的支持，吉姆开始全力推广婕斯事业。

刘易斯先生 10 岁时就开始跟随父母参加网络营销活动，他在罗林斯学院获得心理学学士学位和人力资源硕士学位。

（三）创业资金资源的筹集

在创办婕斯事业之际，兰迪、温迪、纽曼、蒋帕帕、吉姆均已实现了财富自由，所以共同投资创业，所需资金不是问题。

纽曼、蒋帕帕都是美国知名医生，都有成熟的干细胞技术和产品，婕斯的外用品主要是纽曼开发的产品，婕斯的内用品主要是蒋帕帕开发的产品，供应端资源不是问题，不用再花时间去研究开发产品。也就是说，婕斯的创立并不是为了研发新技术，而是为了推广新产品而构建全球化营销平台。吉姆是网络营销的成功人士，需求端资源不是问题，只是需要时间去培养会员客户。兰迪和温迪在全球化网络营销产业运营实践中，有超过18 年的成功经验，所以他们在管理端为婕斯构建一个全球顶级的网络营销平台更不是问题。

二、创业合伙人团队的运营

1. 创业合伙人团队的管理

2009 年 9 月 9 日，婕斯公司成立，总部设在美国佛罗里达州奥兰多市。婕斯品牌名称取于法文，象征青春之泉。婕斯品牌承载着婕斯公司帮助人们恢复健康、重返年轻的产品和服务理念。婕斯公司选择在 2009 年 9 月 9 日晚上 9 点成立，是源于中华文化中的数字 9 代表长长久久的寓意，象征婕斯人将永葆对青春年华的探索，把保持年轻和健康当成一项伟大的事业长久发展。

兰迪作为创始人，担任婕斯公司总裁，负责公司发展战略和资源整合。温迪作为创始人，担任婕斯公司全球运营总裁。刘易斯作为创业合伙人，担任全球策略总裁。纽曼作为创业合伙人，负责外用品产品规划和研发管理。蒋帕帕作为创业合伙人，负责内用品产品规划和研发管理。吉姆作为创业合伙人，负责婕斯产品的全球营销和会员服务。婕斯开盘时，只有 5 位会员客户，十年之后，已经在全球拥有几千万会员客户。

2. 创业合伙人团队的文化

在婕斯的创业合伙人中，兰迪家族的三人都是有梦想的创业者。兰迪的梦想是"为人们努力创业提供一个可以获得财富和实现梦想的平台"。温迪的梦想是"希望婕斯会员客户拥有健康的身体、延长寿命并提高生活品质"。刘易斯的梦想是"通过婕斯大家庭创造一项全球运动，结合志同道合的领导者，统一精神，并抱着为世界建立积极正面影响的共同使命"。

婕斯的创始人家族的梦想，吸引了最初的三位创业合伙人——纽曼、蒋帕帕和吉姆。其中，蒋帕帕博士一开始非常谨慎，虽然被兰迪和温迪的诚意打动，但还是认真考察了婕斯半年多。蒋帕帕花了半年多时间，感受到了婕斯优秀的企业文化和先进的营销模式，决定加入婕斯。蒋帕帕和纽曼、吉姆一样，都是事业有成的财务自由人士，不会为了赚钱轻易加入一家企业，而是为了梦想而走到一起。

婕斯的创业文化不断吸引优秀的人才陆续加入，其中包括威廉·安泽列格博士（Dr. William Amzallag）。威廉毕业于法国蒙彼利埃大学，拥有麻醉重症护理及中药学双学位。威廉是皮肤及营养学专家，他长期推动有关西药、饮食补充品、体重管理、肌肤保养的创新理念，期望能带给人们更多健康观念。同时，威廉还是一位成功的企业家，拥有长达 14 年的网络营销经验，曾担任多家欧洲知名网络营销企业的区域总经理，擅长人员招募、销售策略规划、产品制造与配方设计、法律和产品认证、客户服务关系等专业领域。婕斯聘任威廉为欧盟分公司总经理，同时兼任婕斯医学团队顾问及发言人。威廉的加盟，对赋活青春精华露早期在欧洲的成功推广起到了至关重要的作用。

创业文化决定了经营理念和经营模式的选择。交互式跨境电商与消费分享经济的时代已经来临，引领未来商业 50 年发展潮流的将是全球跨境电商大市场和分享经济消费商大革命。会员制将是高品质跨境电商平台的消费社区运营方式。受益者、分享者、创业者这三类消费用户之间的界限已经开始融为一体。消费用户通过交互式跨境电商和分享消费模式，集渠道分销商、终端零售商、社区消费商三大功能于一身，是面向未来的消费方式和创业模式。

第六节　小米创业合伙人管理实践

小米创业合伙人管理实践源于雷军先生的参与感理想，通过组织小米创业合伙人和员工开创小米移动互联网事业，带领手机发烧友走出了一条让内外部合伙人最大限度参与的创业道路。

一、小米创业合伙人团队的组建

（一）移动互联网事业领域的选择

2009 年，我国进入 3G 时代，通信产业将从互联网向移动互联网转型，手机将从功能机为主向智能机为主升级。智能手机及其应用市场巨大，新的产业机遇来临。

苹果公司是在互联网时代和移动互联网时代都开创了成功商业模式的典范，即互联网时代的"iPod+iTunes"模式和移动互联网时代的"iPhone+App"模式。这两个模式的典型特点，都是开放与封闭的完美融合：从开放角度讲，这两个模式分别整合了现有内容产业和创新内容产业；从封闭角度讲，这两个模式都被严格控制在苹果独有的硬件、软件、专卖运营体系之中。

雷军欣赏苹果公司的创始人乔布斯。两人相同之处是，都把民主和独裁完美地融会贯通，不同之处是，雷军的民主性要更强一些，主要体现在小米（小米科技有限责任公司的简称）的参与感上。民主方面，雷军把参与感做到了极致，从对员工到对客户，从对合作伙伴到对小米生态链企业，都是如此。独裁方面，雷军把控制力做到了极致，从发展战略到企业股权，从产品品质到运营效率，都是如此。

雷军在创业之初即确立了创业阶段的"铁人三项"商业模式，即同时融合发展软件、硬件与互联网服务三项业务，其中，在打造基于互联网及移动互联网的产品、服务与商业模式创新方面，软件价值被充分激活。与温氏集团有较大不同，温氏集团的商业模式是自然而然地走出来的，是基于温北英的大同共富理想的，小米的商业模式则是从一开始就设计好了的，是基于雷军过去做职业经理人、企业家、投资人等多重成功经验架构出来的。

随着我国进入后工业化时代，消费不断升级，硬件制造业从过去主要关注产品的基本功能转向关注产品的外观工业设计，以及产品的 UI/GUI 等交互体验设计。从 iPod 和 iPhone 被狂热追捧的现象中，我们已经能够清晰地感受到消费者对产品的价值判断标准在悄然发生变化。

2008~2009 年的全球金融危机波及我国之后，互联网，特别是移动互联网在我国社会日常生活中的普及性日益提高。互联网、移动互联网服务几乎覆盖了通信、电子商务、教育、医疗、媒体、信息服务、金融和本地生活服务等各个领域。

互联网是个人与世界互动不可缺少的工具，智能手机是移动互联网的主要流量入口。移动互联网时代，基于手机硬件的软件应用的长期价值被逐步释放。这对做过金山软件总经理并以软件见长的雷军来讲，正是从软件入手打造新的手机品牌的难得的市场机遇。雷军认为，硬件驱动市场的时代即将成为历史，软件驱动市场的时代即将来临，同时，品牌商驱动市场的时代即将成为历史，消费者驱动品牌的时代即将来临。可以预见，移动互联网时代，客户导向法则要让位于用户导向法则。

（二）创始人的资源能力及创业宗旨

雷军是小米的创始人。雷军在创立小米之前，有 20 多年的软件产品开发经历，同时也是一个狂热的手机发烧友。关于做手机，他一直有一些自己独特的想法，每次见到手机公司的人，就拉着人家提建议。2000 年前后，诺基亚鼎盛时期，雷军认识诺基亚全球研发副总裁，就一口气给人家提了上百条建议。雷军特别想做一个能让发烧友一起参与进来的手机公司，他认为，跟每个用户做朋友，才是企业可以持续发展的方式，让用户能一起参与进来做产品的公司，才是未来真正有价值的公司。

2007 年，金山软件公司上市，作为总经理的雷军获得了第一桶金，转而离开金山做起了创业投资人。到了 2010 年，雷军更加财富自由，生活也比较悠闲，用雷军自己的话说，"每天都可以睡到自然醒，只约今天和明天的事情，从来不约后天的事情"。

雷军创业有得天独厚的个人基础，在金山实业和资本投资两大领域都有成功经验。财富自由之后再创业，可以更从容地、相对超脱地关注企业的长期价值和社会的创新价值。

（三）创业合伙人的招募

雷军认为单打独斗的时代即将成为历史，合伙创业的时代即将来临。雷军花了半年多的时间来招募创业合伙人，这在很多老板眼里是不可思议的，但雷军却认为这是值得的。做过风险投资人的雷军，深谙投资界的一个基本投资逻辑，那就是与其投资一个一流的项目二流的团队，不如投资一个一流的团队二流的项目。

在选择创业合伙人的标准上，雷军认为，创业合伙人首先要有创业者心态，要愿意拿低工资；创业合伙人要愿意进入初创企业，早期参与创业，要有奋斗精神；创业合伙人要愿意掏钱购买股份，认同公司目标，看好公司前景并愿意承担相应风险；创业合伙人应该是最聪明、最能干、最能创新、最有意愿抱团打天下的人才。

黎万强是雷军拉进来创业的第一个创业合伙人。他是原金山词霸总经理，是雷军的老部下。谷歌宣布退出中国后，林斌便被拉进来做了创业合伙人，他是原谷歌中国工程研究院副院长，曾参与微软亚洲工程院创建并任工程总监。周光平是原摩托罗拉中心高级总监，曾成功主持设计"明"系列手机。刘德是原北京科技大学工业设计系创始人和首任主任。黄江吉是原微软中国工程院开发总监。洪峰是原 Google 中国高级产品经理。王川是小米体系的多看阅读团队创始人，2012 年正式加入小米。小米的七位创业合伙人都是雷军自己找来或经过磨合的合伙人推荐过来的，成为合伙人之前，彼此都经历过磨合期。这种慎重和严谨，可以尽可能避免许多仓促组建的创业合伙人团队常有的从同床共枕，到同床异梦，再到同室操戈，甚至同归于尽的悲剧故事。

雷军组建的小米创业合伙人团队，8 个人中有 5 个海归、3 个非海归，每个人都能独当一面，平均年龄 43 岁，都是在年富力强的人生阶段实现了财富自由或相对财富自由，不再简单追求挣钱，而是追求将事业做大，从而获得事业成就感。这些人因为解决了基本生存问题，不再为五斗米折腰，他们想合伙共同创业，想开创一个伟大的事业。因此，这些人在创业的时候可以不拿工资，而且愿意共担风险。

没有一个创始人不想招募一群优秀的合伙人，但是否能够整合得好，却是大多数创始人头疼的事情。也有很多创始人讲过，自己无法招募到足够优秀的创始人。这里有两个核心问题：一个是创始人在个人资源和能力上，是否有足够的实力和信心来整合其他创业合伙人；另一个是创始人在财富积累上，是否有足够的资金投入到新创企业，既表明信心，又达到对公司决策的实效控制。其实，道理很简单，只有证明过成功的创始人才能成功招募到优秀的创业合伙人。

雷军招募的创业合伙人虽然个个优秀，但大部分只是成功的高级经理人，少部分虽然成功创立过部门或公司，但跟雷军取得过的成就相比，都有很大差距。雷军选择创立小米，是一个需要大规模资本投入的产业。2010年雷军的身价已经有 10 亿美元，这是小米其他创业合伙人所不具备的，这支持了雷军能够在一开始就占有绝大部分股权，也支持后期扩大投资时的跟投。

创业初期，雷军持有小米 77.8% 的股权，其他自然人股东一共持有22.2% 的股权。小米创立的 2010 年之初估值就达到 2.5 亿美元，相信这大部分估值都是在赌雷军，赌雷军的身家资本，更是赌雷军的全身心投入。有投资人分析小米初期融资估值，认为如果没有雷军，其余任何一位合伙人牵头创业，在当年的市场环境下，天使轮的估值肯定在 2 千万美元之下，也就是至少有 10 倍以上的差距。这印证了创业合伙人招募的基本逻辑，就是创始人的成功是招募创业合伙人的基础。

（四）创业文化的打造

小米正式成立于 2010 年 4 月，成立之初即注重创业文化的打造。小米确立的使命是始终坚持做"感动人心、价格厚道"的好产品，让全球每个人都能享受科技带来的美好生活。小米的愿景是"和用户交朋友，做用户心中最酷的公司"，不断追求极致的产品和效率。

一流人才是创业成功的保障，因为最好的人才本身有很强的自驱力，很容易在共同的使命愿景指引下，构建和传递创业文化，通过带领全体员工共同努力，高效能地达成组织目标。与雷军共同创建小米的其他创业合伙人，都是拥有数十年软硬件开发经验的工程师或设计师。小米的创业合伙人团队在培育透明、高效、包容和平易近人的公司文化方面发挥着关键作用。这种创业合伙人团队文化也是公司积极追求创新、质量、设计和用户体验的核心推动力。在实践中我们经常看到，一些价值观不统一的创业团队，创始人与创业合伙人之间经常在战略规划和运营实践过程中产生大量的理念冲突和实践矛盾，这在很大程度上抵消了创业合伙人团队的凝聚力和奋斗效能。

小米以服务客户为价值驱动，以创新与效率为运营根基。作为一家由工程师和设计师创建的公司，小米崇尚大胆创新的互联网文化，并不断探索前沿科技。同时，小米不懈追求效率的持续提升，致力于降低运营成本，并及时把效率提升产生的价值回馈给用户。小米的创业合伙人团队很好地链接了用户需求端和产品创新端，通过价值闭环彰显文化底蕴。

（五）创业资金的筹集

小米的创业合伙人，在小米成立伊始就参与创业，掏出真金白银购买股票，是典型的股份制创业合伙人。小米早期的员工投资入股，雷军占股77.8%、黎万强占股10.12%、洪锋占股10.07%、刘德占股2.01%，其余几位创业合伙人及初创期的40多名员工均自掏腰包成为公司的初始股东，也就是创业团队内部的56名早期员工一共投资了1100多万美元，平均每人投资约20万美元。

小米对创业员工推行全员合伙模式。雷军让员工全部持股，是雷军开放共享理念的体现，这种利益分享机制是吸引有竞争力员工的有效方式，也是在日常运营过程中让员工有更多的责任感和参与感，在志同道合的基础上，为了共同利益而努力奋斗。

小米从创立之初，即推行员工期权计划。2011年5月，小米设立了2011年小米集团员工期权计划，有效期10年，大部分关键员工为期权激励，少数高管为限制性股票激励。2012年8月，小米设立2012年员工期权计划，并用2012年期权计划替代了2011年期权计划，有效期10年。规定自期权授予日起，员工需服务一定的年限以使股票期权可行权，等待期一般分为1年、2年、4年、5年、10年。可行权的员工股票期权于公司完成合格上市或于任何时间被董事会批准后即可以全部或部分行权。小米的员工股票期权的一大特点是并未附带任何业绩目标作为可行权条件。因此，小米的员工持股计划带来的效果是小米人具有更强的正能量合伙人精神，而不是业绩的压力和担忧的心态。

让创业合伙人投资入股固然重要，但首先得找到对的创业合伙人，然后才是股权配置。股权发放主要是给既有创业能力又有创业心态的合伙人。

对于外部投资人的选择更体现了小米关注创业合伙人的价值。小米的外部投资人基本上选择的是财务投资人，而不是战略投资人，股权形式主要是优先股，并在股权价值保护上给予财务投资人明确的承诺。这种选择的基础是雷军本人既是成功的企业家又是成功的创业投资人，他经营小米对投资人的主要需求是资金，其他附加及增值的资源需求不大，所以选择了财务投资人而不是战略投资人。小米把外部投资人定位为财务投资人的同时，也给了财务投资人年化8%的投资收益兜底，这很好地保护了财务投资人的收益。通过主动安排风控机制，有效帮助投资人降低风险，从而最大程度上降低外部募资的博弈成本，这种资本合伙人文化值得很多企业家学习。

2010年9月，小米公司成立不久，即启动了A轮优先股的第一次发行，投资人主要是雷军、黎万强、洪峰、林斌等人。2010年12月，B轮两次融资275万美元，主要是吸引外部财务投资人，作为优先股股东。2011年8月，B++轮融资60万美元，主要是针对创始合伙人周广平、林斌。2011年9月，C轮融资8800万美元，主要是继续吸引外部财务投资人，作为优先股股东，此后再融资，均为吸引财务投资人。2011年9月，C+轮融资210万美元。2012年6月，D轮融资2.16亿美元。2013年8月，E轮融资1亿美元。2014年12月，F轮第一次融资7.5亿美元。2015年3月，F轮第二次融资2300万美元。2015年7月，F轮第三次融资2亿美元。2015年7月，F轮第四次融资1000万美元。先吸纳创业合伙人的资金，再吸纳资本合伙人的资金，在投资风险和股票成本之间达成平衡，这是创业企业通常的做法，不求高超技巧，但求合情合理。

（六）创业资源的筹集

1. 供应端资源筹集

2011年，没有一家大的手机制造商愿意接小米的代工订单，台资企业英华达南京公司时任总经理张峰第一个答应生产小米手机。

南京英华达工厂有一个手机展厅，展出了诺基亚、三星、摩托罗拉、飞利浦、NEC等数十个品牌数百款不同时代的手机，这些手机都由英华达代工。在一个显著的位置，摆放着一款小米手机，标签显示"1000001台"，2012年3月12日展出。

小米能够得到英华达的代工，一方面是雷军个人的信用，另一方面是对小米运营模式的信心。小米的用户参与式研发和营销模式，帮助小米手机实现了按需生产和零库存，这在智能手机行业尚无人做到。

除了代工资源外，雷军在投资领域积累的多种资源也对小米创业起到了很大的支持作用。凡客的快递团队如风达为小米手机提供库存管理和物流服务。

2. 客户端资源筹集

2000 年，黎万强大学刚毕业就加入了金山，担任软件界面设计师。很快他的能力得到了金山软件总经理雷军的认可，支持他组建了金山用户体验设计团队，这是软件产业最早做用户交互研究的团队。黎万强团队做了金山毒霸、WPS 等产品的软件交互设计，得到了用户的广泛好评。

2000 年，金山跟用户交互的方式主要是焦点小组访谈，每季度或半年针对某个产品召集几十个用户，做面对面访谈。另一种方式是每周客服一线同事收集好用户意见，整理成文档，以周报的方式发给产品经理，产品经理再整理给项目组，报研发总监，直到管理层，基本上每份用户意见报告的流转周期都在一个月以上。

小米基于安卓平台做的第一个产品是 MIUI（米柚）。MIUI 不是手机，只是一个基于安卓深度定制的手机操作系统。操作系统很复杂，基于这样的复杂程度，加上漫长的研发周期，没有几家企业会在操作系统的开发过程中去听取用户意见。

小米的创新之处在于，借鉴互联网软件的开发模式，提出了每周迭代，把操作系统做成能够听取用户意见的系统，践行雷军的"让用户加入进来"的参与感理念。对于操作系统研发来说，最难的就是怎么管理好用户需求，怎么能听懂用户要什么，然后把它实现出来，同时做好质量控制，还必须做到每周发布。小米的 MIUI 是全球第一个每周迭代研发出来的操作系统。小米做 MIUI 的初期是对外保密的，不做公关，不做营销，就是邀请发烧友做试验。就是靠这种参与感带来的口碑传播，当 MIUI 发布一年时，已经聚集了 50 万发烧友级的用户。

小米的一个核心理念就是"把用户当朋友"。小米创业第一年，通过参与感来完成产品研发，完成终端营销和市场推广，完成用户购买和用户服务。小米就是这样和用户一起，把小米打造成一个很酷的品牌，一个年轻人愿意聚在一起的品牌。

3. 管理端资源筹集

小米的创业合伙人在创立小米之前一般均拥有谷歌、微软和摩托罗拉等全球顶尖科技公司的技术积累和管理经验。正是他们自带技术技能和管理经验，可以很容易招募优秀的员工，并开展自主管理，也就是自建团队和自带团队。小米的创业合伙人为小米简化管理奠定了现实基础。

我们看到很多创业企业内部管理一塌糊涂，主要是创业合伙人在创业之前没有成熟的团队管理经验和能力。当了创业合伙人，往往又是股东，自然要独当一面，拥有一定的话语权和决策权，自主开展管理。结果往往就是各行其是，团队内部混乱不堪，优秀的人才即使加入，也会很快离开。加上创业期各种资源和能力不足，创始人更没有精力，往往也没有能力去加强企业的内部管理，这也常常为以后的发展壮大埋下了管理隐患，不发展还好，一壮大就散架。

二、小米创业合伙人团队的运营

（一）创业合伙人团队的管理

1. 组织架构运营扁平化

雷军作为小米的创始人，担任董事长兼 CEO。林斌作为小米的联合创始人，担任总裁。周光平、黎万强、黄江吉、刘德、洪锋、王川作为小米的联合创始人，担任副总裁。小米公司刚成立时，团队共有 14 人，一半人员是创始人和创业合伙人。

在创业初期，创始人和创业合伙人大致分工如下：雷军出任小米董事长兼 CEO，全面负责公司战略决策；林斌出任小米总裁，全面负责公司运营管理；周光平分管小米手机产品研发；刘德负责小米手机工业设计、供应链管理及银行关系；黎万强负责 MIUI 手机操作系统、社区营销管理；黄江吉负责工程团队管理；洪峰负责机器人开发；王川负责小米盒子开发。

创业初期，小米创业团队施行直线制的扁平化组织运营，创业合伙人班子成员各管一块，充分授权，各自全权负责自己分管的一块业务或职能，其他人不予干预。而其组织架构基本上设为三级：创业合伙人、主管、员工。这种安排的好处是责任清晰、决策效率高，前提是创业合伙人都具备独当一面的能力和资源，而创始人更具有统筹规划和协同运营能力。

小米办公布局也可以反映出组织结构的扁平化特征，一层产品、一层营销、一层硬件、一层电商，每层由一名创业合伙人负责，以岗定人。创业合伙人对团队的管理主要采取项目制，每个具体项目均指定一名主管作为负责人，负责带领团队设计方案、开展研发创新和运营服务，并负责与其他部门的沟通协调及团队的日常管理。

2. 绩效管理客户体验化

小米创业初期推行没有 KPI 的考核制度，坚持轻管理制度，不设打卡制度，但是初期所有人自发自觉地坚持了"6×12 小时"工作制度。

例如，客服人员统计单数，不计算电话接起率，不记录接听多少电话。大部分公司研发团队是无法直接和客户交流的，而小米的研发人员每天都要泡论坛。和用户交流，是小米研发团队每天的必修课之一，多则一个多小时，少则十几分钟。

小米的日常运营不依靠制度，但依靠管理行为规范，即"用户体验是考验一切的前提"，有点类似海底捞的服务理念，没有 KPI 考核制度，却有"小米用户体验满意度"这种 KPI 考核指标。每一位员工的月工资和用户体验指标挂钩，由第三方公司进行产品和服务调查，这种考核，用制度化来衡量，其实更加贴近情、理、法三层次的法制层面，对员工和团队的考验更大，要求更高。

3. 薪酬激励员工选项化

创业期的小米采取复合式薪酬激励模式，在全员持股的基础上，小米给员工提供了三种可供选择的报酬方式。

第一种报酬模式，选择和跨国公司一样的报酬，高出同行 20% 左右，少拿股权，大约 10% 的员工选择这种模式。第二种报酬模式，选择第一种模式工资的 2/3，配给一定的股权，大约 80% 的员工选择这种模式。第三种报酬模式，选择第一种模式工资的 1/3，配给更多的股权，大约 10% 的员工选择这种模式。这种标准正态分布的薪酬选择结果，一方面体现了员工在薪酬选择上的参与感，另一方面体现了员工对长期收入和短期收入的合理预期和承受能力。小米的薪酬结构，并不是传统意义上的重金激励，而是结合了员工对眼前利益与长远利益的有效结合，利于公司发现人才、留住人才、激励人才。

小米除了静态的薪酬结构设计之外，还设计了动态的薪酬调整机制。薪资上升渠道除了两个层级的管理通道，还有技术通道，小米的工程师不用盯着职位，平时精力都放在研发上，最实在的反映就是涨薪资。

企业要想长期发展，就必须从"以利润为中心"转到"以用户为中心"

的价值导向上来。而要"以用户为中心",则必然要求员工特别是合伙人不能只看到当前的利益,而是在格局上需要有更高的立足点,在价值上有更大的贡献点。

(二) 创业合伙人团队的成长

创业合伙人团队的成长,主要体现在事业的成长和创业合伙人个人的成长两个方面。事业的成长是创业合伙人成立团队的主要目标和重要成果,创业合伙人的成长是创业合伙人参与创业的出发点和归宿点。

1. 小米事业的成长

2012 年,小米营收首次突破 10 亿美元。2014 年,小米手机成为我国大陆市场出货量排名第一的智能手机品牌,并且年度销售额突破了 100 亿美元。2015 年,MIUI 系统月活用户超过了 1 亿人。

2018 年 7 月,小米成功在香港主板上市,每股发售价定为 17 港元,成为港交所首个同股不同权的上市公司,创造了香港历史上最大规模科技股 IPO,以及当时历史上全球第三大科技股 IPO。据透露,小米早期 500 万美元的投资回报高达 866 倍,同时造就了 9 个亿万富翁、5500 个千万富翁,有超过 7000 名员工持有股票或期权,是移动互联网时代的一场造富行动。这些令人兴奋的财富数字背后,小米的创业合伙人制度是确保小米 7 年时间跨过 1000 亿美元营收门槛及成功上市的关键。

2. 创业合伙人的成长

2009 年,雷军邀请黎万强加盟,一方面是看重黎万强的用户交互服务能力;另一方面是给黎万强提供从传统 PC 时代向移动互联网时代的事业发展机会,驱动黎万强培养移动互联网时代的用户交互能力。

2010 年,雷军邀请林斌加盟,一方面是看重林斌参与创建微软亚洲工程院,以及担任谷歌中国工程研究院副院长的经历;另一方面邀请林斌担任小米总裁,赋予林斌全面打理小米的各项经营和管理工作的机会,驱动林斌从分管型领导向全面型领导转型升级。

2010 年,雷军邀请刘德加盟,一方面是看重刘德曾经成功创办北京科技大学工业设计系的能力,以及任教期间成功创立了一家知名设计公司的能力;另一方面提供给刘德更大的能力培养空间。刘德在小米不仅负责工业设计,还负责供应链、银行关系等多项他完全陌生的领域。2013 年,雷军让刘德牵头去做生态链,更加独立地带队,从头开创新事业。做生态链,相当于给了刘德又一次独立牵头创业的机会。

雷军给每个创业合伙人提供把潜能发挥到极致的机会，让他们在自己并不擅长的领域发力，努力做到最好，打造创业合伙人自身"有限相关多元化"经验和能力体系，充分调动他们的创业精神和成长动力。

3. 创业合伙人的离开

2018年4月，小米创业合伙人黄江吉和周光平离职。在小米即将上市之际，两位创业合伙人离职，引发了很多人的思考。现在回顾此事，至少有三重含义值得我们感悟。

首先，好聚就好散。一碗小米粥，拉开了这两位小米创业合伙人在小米创业团队欢聚的序幕，两捧鲜花和掌声，欢送这两位小米创业合伙人离职，印证了那句校园毕业季常说的话——"聚是一团火，散是满天星"，大家彼此间的情谊依旧。创始人雷军对两位创业合伙人为小米做出的贡献大加赞赏，而两位创业合伙人也均对有情有义的创始人雷军表达了谢意，对参与小米团队创业引以为豪。虽然离开，但周光平为小米手机的研发和生产打下了重要的基础，黄江吉带领了米聊、小米云、IOT战略等多项业务的成功拓荒，他们为小米做出了卓越贡献，是小米奇迹永远的共同缔造者。

其次，成败论英雄。2016年5月，小米创业合伙人周光平从此前负责管理小米手机研发和供应链团队，转为担任小米首席科学家，负责手机技术前沿领域研究，简单理解，就是从负责一线业务转为负责二线业务。2016年2月，小米创业合伙人黄江吉从此前负责管理米聊、小米云服务和小米路由器业务，转为负责管理小米新成立的探索实验室，研究VR/AR、机器人等前沿科技，简单理解，也是从负责一线业务转为负责二线业务。从雷军角度来看，这种安排合情合理，一方面，一线业务是环环相扣的运营体系，每个创业合伙人都要独当一面，独立带队创造价值，容不得半点差池，俗话说就是"只许成功，不许失败"，稍有差池就要更换领军人物；另一方面，一起创业的合伙人不离不弃，公司发展最需要人才，给创业合伙人到二线从头做起的机会，是最优的组织和人力资源配置。

最后，维护创业文化。公司上市在即，联合创始人却不能一起站在聚光灯下接受众人的祝福，从感情上来说是一件非常遗憾的事。但一家公司的成长有其内在规律，不同的发展阶段有不同的战略目标，自然也就需要不同的领导者。即便是创业合伙人，倘若不能跟上公司的发展步伐，也不再适合继续担任要职。因为上市不是终点，而是持续创业的新起点。小米这两位创业合伙人主动在小米上市前离职,是他们主动维护小米创业文化的一种深层次情感体现,这种洒脱和深意,值得敬佩和感怀。

雷军对创业合伙人团队的"选、用、育、留、送"各环节的设计和实践,给我们提供了一个标杆,值得太多创始人和创业合伙人团队领悟和参考。

第七节　北大纵横创业合伙人管理实践

北大纵横创业合伙人管理实践源于王璞先生为我国 MBA 毕业生打造本土最大管理咨询创业平台的理想,通过构建创业合伙人文化和机制,开创了一条带领成百上千 MBA 毕业生合伙创业的道路。

一、创业合伙人团队的组建

(一) 事业领域的选择

1992 年春天,我国改革开放的总设计师邓小平"南方谈话",拉开了我国全面改革开放的序幕。1993 年,北京大学工商管理学院成立,厉以宁教授担任首任院长,同年,美国麦肯锡咨询公司进入中国。1994 年,北京大学工商管理学院更名为北京大学光华管理学院,并招收了第一批 MBA 专业学生,王璞就是北京大学光华管理学院首届 MBA 学生。

1996 年春天,厉以宁教授到欧美考察 MBA 教育,发现哈佛商学院这样的有百年历史的商学院的 MBA 学生毕业后,并没有都去企业,有一部分去了管理咨询公司。当时,管理咨询在我国还是新鲜事物,一些高校老师及社会人士偶尔会给企业做一些营销策划服务,大都是点子类创意,尚不成系统。考察回国后,厉以宁教授决定创办一家正规的中国本土管理咨询公司,因为欧美的发展历程和经验表明,未来我国企业在发展壮大的过程中,肯定需要专业而系统的本土化管理咨询公司的管理咨询服务。

（二）创业合伙人的招募

厉以宁教授是北京大学光华管理学院的首任院长，最便利的方式就是创办一家校办院营的管理咨询公司。管理咨询公司创办的条件，除了一些开办费之外，主要就是咨询顾问。厉以宁教授在光华管理学院内部找到了几位做策划的老师和6名即将毕业的首届MBA学生。

这种团队招募方式简单高效，也非常合情合理。一方面，学院内部的老师和学生彼此熟悉和相互信任；另一方面，商学院的老师和MBA毕业生正是咨询领域最合适的管理类知识型人才的主要供给来源。

（三）创业资金资源的筹集

管理咨询公司是典型的轻资产运营机构，不需要太多启动资金和运营资源。北京大学创办于1898年，"北大"在我国绝对是一块金字招牌，对管理咨询公司来讲，是极有价值的品牌背书资源。

1996年4月，北京大学光华管理学院第一届MBA在校生王璞作为公司的第一批员工，负责公司注册。1996年，北京市工商局允许注册的企业类别中还没有"管理咨询"这一行业，最后开明的海淀区工商局被执着的王璞打动，批准注册由北京大学持股、光华管理学院兴办的"北京北大纵横管理咨询有限责任公司"，简称"北大纵横"。这样，北大纵横成为我国第一家按照公司法注册的、按照现代企业管理制度建立的专业管理咨询机构。

北大纵横在成立伊始，即对标麦肯锡这样的国际优秀管理咨询公司。北大纵横有明确的企业使命，即"推动组织变革与成长"，同时制定了发展愿景，即"成为中国最受尊重的大型咨询机构"。北大纵横的这种事业初心，经历20多年的发展，矢志不渝，这也是吸引越来越多的MBA毕业生持续不断地加入北大纵横的关键性品牌资源。

二、创业合伙人团队的运营

（一）创业合伙人团队的探索

1996～1999年，我国管理咨询行业处于萌芽阶段，企业事业机构客户的管理咨询需求较少。北大纵横靠着"北大"这一金字招牌，以及厉以宁教授等的社会影响力，采取"老师兼职拿订单，学生全职做项目"的模式运营，践行"合作、敬业、创新"的核心价值观。

到了 1998 年，北大纵横在管理咨询领域取得的成绩开始得到社会和政府相关部门的认可。这一年，北大纵横荣获了北京市"高新技术企业"认定证书，成为咨询业第一家拥有人才引进权的高新技术企业。

但由于当时的咨询需求不景气，业务不稳定，经营断断续续，工作辛苦而收益清贫。到了 1999 年，创始团队成员陆续离开，老师继续在学校专注于教书育人，学生有的去了政府，有的去了企业，有的出国留学，最后只剩下年龄最小也是业绩最好的王璞一人在坚守。

王璞别无选择而又意志坚定地扛着北大纵横的旗帜奋力前行。"在赛马中相马""剩者为王"是很多创业团队必经的发展过程，北大纵横也概莫能外。俗话说，"机会总是留给有准备的人"，回顾初心，王璞报考 MBA 的动力之一，就是看到了一些关于 MBA 和管理咨询的海外报道，也就是说，是王璞先想做管理咨询，然后报考 MBA。这就应了那句俗话——"兴趣是最好的老师，事业是最好的招引"。

（二）创业合伙人团队的传承

1999 年，成为公司领导人的王璞，开始从社会上陆续招聘了几位有管理咨询经验的优秀合伙人。

2000 年，厉以宁教授和其他老师决定全面退出公司的日常经营和管理，把公司交给有了 4 年管理咨询成功实战经验的王璞打理。也是在这一年，王璞继续积极对外招聘，公司也进行了股权变更。北京大学由独家持股变为参股，也就很少参与公司的日常经营决策。王璞等几位合伙人加在一起成为大股东，北大纵横由校办独资企业变成了混合所有制企业。

王璞是公司第二代领导人，也是公司的创始团队成员中唯一留下来的联合创始人，后来在北大纵横内部，大家习惯称王璞为"王首创"，以示对王璞开创北大纵横事业的尊重。公司改制这一年，王璞就当选为北京市科技咨询协会副理事长。次年，王璞又当选为北京市企业家协会副会长。2002年，北大纵横荣获中关村"十佳高新技术企业"最佳管理团队奖，荣获"北京科技咨询信誉单位"称号，荣获《中国企业家》杂志评选的"中国企业未来之星之首"称号，荣获"中国企业文化建设先进集体"称号，《北大纵横管理系列丛书》正式推出，成为我国管理咨询业的教科书，被业界誉为咨询标准。2003 年，北大纵横参与创建了中国科技咨询业协会，荣获"全国企业文化优秀咨询单位"，《纵横天地》报刊荣获全国企业内部报刊优秀成果一等奖。这一系列成就表明，北大纵横不仅顺利地完成了老师与学生的传承交接，还在咨询界迅速做强了王璞的个人品牌和北大纵横的公司品牌。

（三）创业合伙人团队的扩容

2000 年，在北大纵横只有三五个员工的时候，王璞就设想北大纵横要尽快达到 100 人的规模。随着公司股权变更，王璞虽然不是控股股东，但作为公司的创始领导人，可以相对容易地统一公司的发展路线，虽然出现过一些小的波折，但王璞仍然可以不太受束缚地践行自己的团队扩容理想。纵观北大纵横发展历史，王璞从来不是靠股份赋予的权力，而是靠知识型管理者的领导力来驱动公司在各个发展阶段的战略变革与团队成长，兢兢业业地践行"打造本土最大管理咨询创业平台"的理想。

团队扩容不仅仅是大规模招聘这么简单，实质上是一个在积累沉淀基础上的破旧立新的企业生命管理过程。要想团队扩容，就必须彻底变革原来的老师带学生的团队结构和运营模式，积极对外招募咨询业内优秀人才，同时主动招募清华大学、北京大学、中国人民大学、对外经济贸易大学等高校的优秀 MBA 毕业生。

靠品牌招人固然重要，但更重要的是靠文化留人。"民主、自由、平等"这些词汇虽然没有成为北大纵横的价值观，但却是实实在在的北大纵横的文化氛围特性。正是这种民主、自由、平等的文化氛围营造，陈江、张伟、张海燕等一批 2000 年加入的北大纵横老一代合伙人都是一入纵横二十年，不离不弃。

（四）创业合伙人团队的培养

随着公司员工的陆续增加，特别是管理咨询界"能人"的纷纷加入，北大纵横并没有走"个体户的集中营"路线，而是加强了组织化建设，加强了合伙人团队培养。

2002 年元旦，北大纵横召开第一届活力营，从此一年两次的活力营再未间断过。在首届活力营里，营销人员和运作人员就产生了激烈的冲突和碰撞，有些老员工都被气哭了。王璞作为北大纵横的领导人，竭力淡化独裁风格，努力塑造民主、自由、平等的文化氛围，通过"活力营"这样的沟通平台和协商机制，鼓励大家观点冲突和思想碰撞，坚持大规模持续的交流互动，推动北大纵横稳健而持续地变革与成长。

也是从 2002 年起，北大纵横开始了组织职能化建构。按照直线职能制管理模式，北大纵横设立了知识管理部、人力资源部、项目管理部等业务及职能管理部门，开启了公司组织化、制度化建设。

任何企业的经营都会有淡旺季，淡季裁员是欧美国家的常规操作，但这并不符合我国的传统价值观念。北大纵横合理地利用经营淡季，加强培训练兵，加强管理课题研究和市场营销推广，推动员工从各个层面、各个领域提升自身技能，为北大纵横做出自己的智力贡献。这种变通，甚至延伸到员工个人的选择权上，比如有些员工在一段时间里家里有事，公司就给员工选择权，不强迫员工上项目，而是在公司本部做职能竞争力建设。这种变通，客观上还推动了公司在抓销售的同时注重培育市场，在抓经营的同时注意提升管理，为北大纵横的可持续发展奠定了重要的职能管理基础。

2004 年，北大纵横通过 ISO9001 国际质量管理体系认证，成为咨询业第一家通过该认证的公司，成为北京市企业联合会首批推荐的优秀管理咨询公司、北京市发改委指定的本土管理咨询单位，连续多年荣获先进团组织、先进党组织和先进工会称号。公司还参与筹办了中国企业联合会管理咨询委员会，王璞当选副主任。同年，王璞还当选了团中央青年企业家协会副会长。

（五）创业合伙人团队的利益让渡

2003 年，北京的"非典"事件给公司经营带来了巨大冲击，公司半年没有开张，面临亏损、倒闭的危险。在危机时刻，大部分公司的选择无外乎减员、降薪、减员加降薪三种操作。北大纵横从年初开始推行"百人扩张战略"，不想减员，只能采取降薪的方式应对危机。降薪最能体现一家公司对人力资源的价值排序。北大纵横股东合伙人讨论的结果是，保留咨询顾问高固定工资方式，也即优先保持咨询顾问队伍的稳定性，几位股东作为创始合伙人，开始推行低固定、高提成模式。北大纵横当时还建立了医疗基金，如果谁得了"非典"或者生病就可以用这个基金来治疗。这些应对措施，不仅保留了全部咨询顾问，还加速吸引了社会上咨询顾问的加入。这正印证了老一代股神巴菲特的话："在别人恐惧时我贪婪，在别人贪婪时我恐惧。"只不过，北大纵横恐惧的是基业长青问题，贪婪的是吸纳人才问题。

2003 年"非典"重灾区在北京，除了陈江之外，其他咨询顾问基本都回到了老家。公司在给这些咨询顾问发放工资的同时，鼓励他们在西安、武汉、长沙、洛阳、沈阳等地开发家乡咨询市场。"非典"过后，咨询市场迎来需求小爆发，北大纵横正好在市场开发和咨询顾问储备两方面同时发力，业绩自然突飞猛进。北大纵横 2000~2002 年的收入分别为 700 万元、1200 万元、1800 万元，2003 年上半年只有几百万元收入，但全年收入达到了 2800 万元。这主要归功于队伍的稳定和区域市场的开发。

（六）人单合一经营模式的打造

2001~2003 年，北大纵横从校办企业转型为混合所有制企业，采取的是直线职能制的经营模式，即"客户营销团队拿订单，项目运作团队做项目"。

经过 2002 年活力营上营销人员和运作人员的矛盾冲突，从 2003 年开始，北大纵横将营销人员分成 6 个事业部。营销人员既负责谈订单，又负责项目回款和利润，也就是由各事业部对项目运作全流程全权负责。王璞本人从加入咨询行业伊始即是谈单高手，但从 2002 年开始就不再谈单，而是将项目信息分给营销人员，这样营销人员得到了充分的磨练机会。正是王璞"置之死地而后生"的领导自律，帮助了团队践行"失败是成功之母"的成长逻辑。这种团队培养模式，迅速推动事业部裂变到 12 个。

1996 年，北大纵横成立之初即确立了公司的核心价值观：合作、创新、敬业。为约束事业部对项目进行端到端负责，2002 年，北大纵横增加了"诚信"价值观，就是要求各事业部对客户负责到底。其实就是王璞将跟客户直接沟通及深度合作的机会让渡给各事业部，各事业部不能砸了北大纵横的牌子。

经历了 2003 年公司股东合伙人的利益让渡，到了 2004 年，公司咨询顾问真的就达到了 100 人，收入达到了 5000 万元。这时，大家都想建立事业部，都想成为业务合伙人，于是在民主、自由、平等的文化氛围下，公司开始海选合伙人，通过合伙人投票、高管会投票、王璞最后面试等多个环节，给大家平等竞争的机会。毕竟，机会的平等才是真的平等。有了这种积极向上的良性竞争氛围，王璞在大觉寺活力营跟大家谈未来，谈人单合一模式。经过一年的磨合，到 2005 年 7 月，公司已经成功推行了项目单独核算，这样就把每个项目做成了一个利润中心。项目制是最适合服务型企业的经营管理模式，这种模式能够最大化激发合伙人潜能，能够最有效推动组织裂变和合伙人成长。

经历了开始 4 年的创业探索与 5 名创始咨询顾问的流失，王璞深刻地领悟到，必须按照多劳多得的基本原则，给创造价值的人最大回报，必须持续推动公司由股东制向合伙制转型。在这种理念的引导下，北大纵横从 2004 年到 2012 年，逐步实现了全员合伙，同时，最大限度地将项目利润交给项目组分配。这种利益分配模式，最大化地淡化了股东合伙人与业务合伙人之间的身份差异，推动了合伙人在经营层面的良性竞争，激励了合伙人在服务客户层面长期奋斗。换句话说，大家不是在存量利益里面竞争，而是在增量利益里面收获。

（七）委员会制管理模式的打造

2005 年，人单合一经营模式确立之后，北大纵横着手建立委员会制的管理模式，也就是经营权下放，管理权上收，这就是所谓的民主集中制的经典体现。北大纵横先后成立了七大委员会，分别是财务委、人事委、学习委、战略委、技术委、文化委、品牌委，若干年后，又增加了风控委等委员会。委员会设主任，主要职责是制定公司的专业职能管理制度，并负责解决制度运行时的纠纷，简单讲就是，委员会负责履行"柔性立法、刚性司法"职能，主任负责履行"制度构建、制度运行"职能。

北大纵横的委员会主任是副总裁级别，但是没有岗位工资，是兼职的义务服务。这种制度安排有两点考虑：一是公司合伙人的主要工作是给客户做管理方案，大部分缺乏担任公司高管的机会，而公司已经有一两百名员工，且都是高级知识分子，知识分子本身是难以管理的，担任北大纵横的委员会主任，正好可以给合伙人提供做高管的实践机会，深化对管理决策的理解，提升职能管理能力，帮公司储备更多高级干部，以应对公司更大扩张的潜在需要。二是公司践行多劳多得原则，推行向一线、向基层倾斜的利益分配机制，如果再支付高额的高管工资，势必增加项目组分摊的管理成本，而公司希望持续扩大队伍，必须通过较高的项目收益，持续吸引高素质的业内咨询顾问和新毕业的优秀 MBA 加入。

2005 年是公司成立的第十个年头，也是创业期成功转向成长期的关键一年。这一年，公司建立了民主的合伙人制度、公益的委员会制度、按劳分配的利益分配制度。好的机制不仅能留住人才，更能吸引人才，比较典型的事件是清华 2005 届 MBA 的一个毕业班 17 人加入公司。这一年，王璞个人荣获了北京"五四奖章"荣誉，同时荣获了"全国劳动模范"称号。至今，王璞仍对全国劳动模范这个称号引以为豪，这是他带领合伙人团队创业成功的标志。

第三章

营销合伙人管理

第一节　营销合伙人管理理念

营销合伙人管理理念就是逐步走进客户价值链，围绕客户价值链的有效运营提供组织和人力服务，强化合伙人信任关系，持续深化客户联系，不断推动企业成长。

营销合伙人管理首先是营销管理，其次才是合伙人管理。营销合伙人管理，首先要与成长阶段定位相配称，提供组织和人力资源服务；其次要与成长职能过程相配称，打造与不同战略营销管理阶段相适应的营销合伙人团队。

从企业生命周期视角，在创业期、成长期、成熟期中，对营销管理需求最广泛、最强烈的就在成长期。为有效进行成长管理，我们需要把成长期再细分为成长初期、成长中期、成长后期，与这三个阶段相配称的战略营销模式分别是渠道营销模式、终端营销模式、社区营销模式。进而，与这三个阶段营销模式相配称的营销合伙人管理模式分别是渠道营销合伙人管理模式、终端营销合伙人管理模式、社区营销合伙人管理模式。

为此，有必要将企业生命周期管理、战略营销管理、营销合伙人管理融合凝聚，开展系统思考和深度研究。

在创业期，通过创业合伙人团队共同努力，围绕利基市场专注开发和迭代完善单一产品和服务，企业获取了一定规模的渠道分销商伙伴及其下游终端零售商、社区消费者，保证了再生产循环的可持续运行，帮助企业顺利走进成长期。

在成长初期，在创业合伙人共同努力下，企业选择的利基市场从边缘市场逐步走向主流市场，为更好地服务渠道分销商奠定了坚实的基础。同时，渠道分销商对规模和盈利预期不断增强，为满足渠道分销商发展长期事业的需求，企业营销进程进入到渠道营销阶段。在渠道营销阶段，企业的营销重心相应地从产品开发转移到渠道分销。为更好地开发和服务终端零售商，企业需要与渠道分销商开展精益分工与深度协同，发挥企业的终端客户开发和市场推广功能，同时更好地整合渠道分销商的供应链融资和仓储物流功能，即将渠道分销商转型升级为渠道营销合伙人。企业通过与渠道营销合伙人共同努力，即"外部营销管理化"，服务更多终端零售商，推动再生产大规模标准化扩张，顺利进入成长中期。

在成长中期，在创业合伙人和渠道营销合伙人共同努力下，企业经营获得了高速增长，企业产品和服务在主流市场的地位进一步提高，为更好地服务终端零售商奠定了扎实的基础。此时，随着市场需求的逐步放大，终端零售商的需求也不断分化和深化。为满足终端零售商差异化、多样化的产品和服务需求，企业营销进程进入到终端营销阶段。在终端营销阶段，企业的营销重心相应地从渠道分销商转移到终端零售商。为更好地开发和服务社区消费者，企业需要与终端零售商开展协同创新与共同投资，更好地整合终端零售商商品展示和消费体验功能，即将终端零售商转型升级为终端营销合伙人。企业通过与终端营销合伙人共同努力，落实供零协同战略，服务更多社区消费者，推动再生产大规模差异化扩展，顺利进入成长后期。

在成长后期，在创业合伙人、渠道营销合伙人、终端营销合伙人共同努力下，企业获得了稳健而持续的增长，企业产品在成熟市场的地位又一次提升，为更好地服务社区消费者奠定了厚实的基础。此时，社区消费者的需求日益个性化，为满足社区消费者定制化的产品和服务需求，企业营销进程进入到社区营销阶段。在社区营销阶段，企业的营销重心相应地从终端零售商转移到社区消费商。为更好地开发和服务社区消费者的消费过程，企业需要与社区消费者中的消费领袖，即社区消费商，开展消费协同和持续交互，更好地整合社区消费商作为社区消费领袖的消费示范和社区服务功能，即将社区消费者中的消费领袖转型升级为社区营销合伙人。企业通过与社区营销合伙人共同努力，落实社区消费商战略，走通 C to F 模式，服务更多社区消费者，推动再生产大规模定制化增长，顺利进入成熟期，并准备随着消费升级颠覆性地创新产品和服务，进入下一轮成长周期（见图 3-1）。

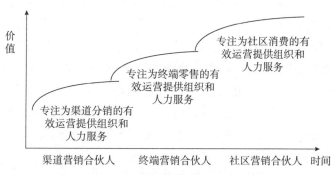

图 3-1 营销合伙人管理理念

注：营销合伙人管理理念就是逐步走进客户价值链，围绕客户价值链的有效运营提供组织和人力服务，强化合伙信任关系，持续深化客户联系，不断推动企业成长。

第二节 营销合伙人管理方法论

营销合伙人管理方法论就是遵循外部有效性和内部一致性原则，构建战略营销管理体系与营销合伙人管理体系，系统推进企业均衡成长。

成功的营销合伙人管理体系的建立、运营和维护依赖有效的"共赢"文化建设。共赢文化主要包括共商、共建、共享三项运营元素。在"共商"方面，创业合伙人团队要与营销合伙人团队共商价值设计、价值开发、价值分配体系，打造共赢文化。在"共建"方面，创业合伙人团队要与营销合伙人团队共同建设、运营和维护价值链服务体系。在"共享"方面，创业合伙人团队要与营销合伙人团队共享客户资源、供应链资源、资本市场资源。

一、渠道营销合伙人管理

在共商层面，要重点关注渠道营销合伙人的核心利益诉求，并以此设计职能分工、营销能力建设及投资回报。渠道营销合伙人关心货物周转率和资金周转率，为此，就需要给渠道营销合伙人设计仓储物流配送、商业垫资和零售回款职能，以促进营销合伙人运营效率和盈利能力。企业关心产品铺货率和用户复购率，为此，就需要给企业市场人员设计客户开发、产品铺货和终端促销职能，以促进企业的品牌知名度和消费偏好度。

在共建层面，渠道营销合伙人愿意建设经营所需的仓储及维修设施、物流及配送设备，以及投入经营周转资金，这方面的建设和投入适合交给渠道营销合伙人。企业关注零售客户开发、产品铺货率，以及终端市场推广，这方面的建设和投入适合交给企业。

在共享层面，渠道营销合伙人的收益包括获取进销差价、扩大客户资源，以及获得企业股权激励。企业的收益包括获得更稳定的渠道营销合伙人、服务更多的零售终端、产生更大的终端销量，以及精益使用营销费用。

二、终端营销合伙人管理

在共商层面，要重点关注终端营销合伙人的核心利益诉求，并以此设计差异化产品，共同分享产品投资回报。终端营销合伙人关心产品差异化及其带来的高毛利、货物周转率及高资金周转率，为此，就需要让终端营销合伙人参与到产品定义、产品设计过程中来，企业通过集成产品开发和大规模柔性制造满足各类终端营销合伙人的需求，同时有效占领稀缺的终端货架资源。

在共建层面，终端营销合伙人和企业营销人员一起共享生产和消费数据，一起定义产品和设计价格，一起预测促销目标和最优产销批量，共同投入终端促销资源，通过价值链深度协同，保证预算目标有效达成。

在共享层面，终端营销合伙人的收益包括获取更稳定的供零差价、更主动的货架管理、更积极的社区消费体验，获得企业股权激励。企业获得更稳定的终端营销合伙人、更好的货架陈列展示、更有保证的产品终端销量，以及满足消费者差异化需求的产品偏好度。

三、社区营销合伙人管理

在共商层面，要重点关注社区营销合伙人的核心利益诉求，并以此设计定制化产品，共同分享社区投资回报。社区营销合伙人关心产品定制化及其带来的高毛利、客户链式开发及长期消费回报。为此，需要让成为社区营销合伙人的社区消费商参与到社区开发、消费者服务过程中来。企业通过开发产品及消费过程解决方案，满足社区消费商服务社区消费者的需求，同时有效占领稀缺的社区消费领袖资源。

在共建层面，社区营销合伙人和企业营销服务人员一起定义产品价值、设计消费过程解决方案，明确社区消费服务费用提成比例，共同开发社区消费需求，保证为社区消费者提供长周期、多层次、全方位服务。

在共享层面，社区营销合伙人的收益包括获取更稳定供零差价或消费积分奖励、更长久的链式消费回报、更受尊重的社群领袖成就感，获得企业股权激励或分红激励。企业获得更稳定的社区消费需求、更好的社区服务团队、更真实的社区消费反馈，以及更有保证的社区消费过程数据（见图 3-2）。

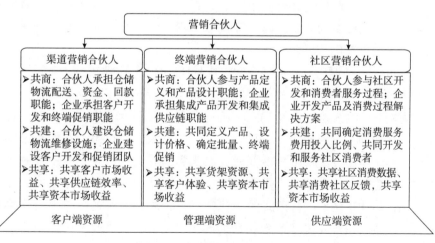

图 3-2　营销合伙人管理方法

注：营销合伙人管理方法就是遵循外部有效性和内部一致性原则，构建战略营销管理体系与营销合伙人管理体系，系统推进企业均衡成长。

第三节　温氏集团营销合伙人管理实践

温氏集团的营销合伙人管理实践，就是围绕养殖生产、渠道分销、科研开发三个价值链重要领域，以"公司+农户""公司+运销户""公司+大学"模式构建外部营销合伙人经营体系，同时强化内部的创业合伙人管理体系。

一、养殖生产合伙人管理

（一）"公司+农户"养殖模式的现实动因

1986 年，温氏集团经过 3 年的艰苦创业，发展成为了簕竹镇最大的养殖企业，形成了自繁自育自养自销的价值链经营模式。经营模式确立的同时，却面临着经营资金压力，以及员工、土地等各种经营管理要素在面对扩大再生产时的可持续经营压力。好人终有好报，在无私帮助村民何凤林成功开拓养鸡事业的同时，温鹏程先生受到启发，形成了"场户合作、代购代销"的创新经营思路。

1989 年，是温氏集团从创业期向成长期跃迁的关键年份。

1989 年，温氏集团经过 3 年的"场户合作、代购代销"运营，已经有了可观的营业收入和经营利润。温氏集团营收和利润双增长的同时，合作养殖户却遇到了大规模的亏损风险。又一次好人终有好报，在无私帮助大批合作养殖户度过经济危机的同时，温氏集团升级了与合作养殖户的经营模式，构建了"全面服务、保价收购"的"公司+农户"模式。

温氏集团这两次经营模式的构建，不是预先设计好的，是因为养殖户遇到了危机，出于乡里乡亲互相帮助的朴素初心，意外收获了养殖户的信任，也为自己建立了创新经营模式的信心。这两次发展机遇，真实地印证了企业创业初期靠价值观引领的重要价值。

（二）"公司+农户"养殖模式的深层逻辑

经历了1989年经济风波，温氏集团开始重新审视高风险的养殖事业。从整个肉鸡养殖产业链来系统分析畜禽养殖产业的固有风险，主要包括市场风险和养殖风险。市场风险主要包括养殖周期长，原料市场和成鸡市场的价格波动都较大，原料采购供给和禽类产品需求的价格弹性以及彼此之间的交叉弹性高，需要全产业链长期地和系统地开展运营，才能有效降低风险。养殖风险主要包括鸡苗、饲料、兽药的效能和质量问题，禽类疾病风险大，养殖场所密集，疾病易于传播，需要养殖人员科学养殖并投入大量精力照料，才能有效降低风险。

系统分析问题的目的是全面解决问题。温氏集团在分析了与养殖户各自的资源和能力后，认为养殖户能够承担的风险较小，主要集中在养殖质量上，这需要提高养殖户的责任心，需要把养殖户的收入与养殖质量直接挂钩。养殖户大都是夫妻店模式，天然具有责任心强的现实基础，把养殖户收入与养殖质量直接挂钩，这是养殖户区别于温氏集团这样的公司化运营机构的最大优势所在。温氏集团认为市场风险应该主要由自己来承担，温氏集团以均衡数量供给、有效的质量保证，与运销户建立长期合作关系，加上开展相关多元化经营，在一定程度上可以系统地降低市场风险。同时，温氏集团认为系统的养殖风险也应该主要由温氏集团来承担：一方面，鸡苗、饲料、兽药全部由温氏集团供给；另一方面，由温氏集团管理员全程提供技术支持和管理指导，及时解决养殖户面临的日常养殖问题，防微杜渐，把风险降到最低。

考虑风险是底线思维，考虑优劣势是共赢思维。分析并制定了风险应对框架之后，温氏集团开始系统思考自身与养殖户各自的资源和能力方面的优劣势，以便挖掘彼此的潜力，最大化双方的合作价值。温氏集团认为，养殖户的优势主要包括拥有较丰富的土地资源，拥有机动灵活的以家庭为单位的劳动力资源，有少量资金可以满足小规模养殖生产再循环的投资需要，以家庭为单元开展养殖，有利于提高优质黄羽鸡的成鸡品质。养殖户的劣势主要包括无法及时掌握市场行情，销售没有保障，养殖技术低，采购成本高，疫病防治有困难，养殖风险大。而温氏集团的优势在于擅长市场调研，能及时掌握市场行情，有长期性和规模化采购合作渠道和销售合作渠道，能给运销户提供稳定的肉鸡产品供应，有养殖技术的研究平台和开发力量，可以不断创新养殖种苗培育和营养饲料开发，有专门防疫团队，具有规范的疫病防治技术体系。温氏集团的劣势在于大规模养殖的土地限制，缺乏机动性的养殖劳动力，规模化养殖的资金约束，公司化规模养殖难以保证优质黄羽鸡的成鸡品质。

系统分析了温氏集团和养殖户彼此的优劣势之后，科学界定彼此的主要职能还需要构建系统的合伙经营流程。为此，温氏集团制定了封闭式委托养殖流程，为提高养殖户养殖效益和积极性打下了规范的运营基础。首先，养殖户要自己投资建设鸡舍，自备养殖工具，温氏集团可以根据已有经验，提供一定帮助。其次，有了养殖基础设施之后，养殖户可以到温氏集团申请建立账户，这样就成为了温氏集团的养殖合伙人。接着是养殖契约管理，养殖户要在温氏集团的系统上订购鸡苗和缴纳生产预付金，这样就可以领取鸡苗并签订委托养殖合同。然后是养殖过程管理，养殖户要到温氏集团领取或由温氏集团配送疫苗、饲料和兽药，养殖户要同意接受温氏集团的规范化管理，包括养殖技术指导和作业规范检查。最后是养殖成果管理，由养殖户负责交付成鸡，由温氏集团负责验收，温氏集团给养殖户结算养殖成本和收益。这样，就形成了一套完整的封闭式委托养殖流程。

这种深度合作的养殖模式有别于其他松散合作的养殖服务。其他养殖服务企业主要是向养殖户销售饲料、兽药，少数约定回收成鸡的，在遇到原料波动风险和销售波动风险时，往往为了自身当期利润，而将风险转嫁到养殖户身上。这种合作模式难以长久。在实践中，大量饲料、兽药企业的销售人员频繁奔波于各个养殖户之间，不仅花费了大量的交易成本，而且彼此合作基础却如建立在沙丘之上，随时有被其他企业销售人员抢单的风险。松散合作模式其实增加了整个价值链的交易成本和运营成本，很难践行营销合作的"共赢"理念。

二、渠道分销合伙人管理

（一）创业初期的渠道销售模式

1984 年，温氏集团开始建立肉鸡销售渠道。温氏集团先后在新兴县和肇庆市建立了两间肉鸡销售部，同时建立了一些辅助性销售渠道，包括新兴县食品公司、外贸部门，以及开平、深圳、广州、南海大沥等外地批发渠道，这种销售模式一直运营到 1989 年。

通过打通销售渠道，保证自繁自育自养的肉鸡能够得到及时售出。温氏集团的渠道结构符合创业初期企业的渠道构建模式，以直销为主、分销为辅，主要是因为创业初期企业的品牌价值较低，推销主要靠自己团队的努力。同时，自己拥有销售渠道，还可以更及时和深刻地感知下游客户需求，利于指导自身的扩大再生产。

（二）成长初期的渠道分销模式

1989 年，温氏集团通过平价收购养殖户的肉鸡，然后低价销售肉鸡给运销户，有效应对了一场经济风波。在有效保护养殖户利益的同时，也意外得到了运销户的追捧。随着运销户的主动上门收购，温氏集团决定把肉鸡分销职能全部交付给运销户去经营。

看似自然而然的销售模式转型，背后却是温氏集团对运销户的信任，毕竟分销渠道是企业的命脉所系，是卡脖子环节，这也是很多企业一直奉行多元渠道结构的原因所在。

产业社会光有信任是不够的，还需要有效的管理。有效的管理，需要有效的价值链功能设计。价值链功能，不仅仅是交易结构或买卖关系，而且是一整套管理职能的责权利关系，也就是我们理论上常说的"外部营销管理化"。

温氏集团自身创业初期承担过渠道分销职能，初心是帮助其他养殖户，本身没有把盈利放在首位，所以只收取养殖户每只成鸡 5 分钱的代售佣金。这样就得到了周围村民的追捧，形成了适度规模经济逻辑下的代购代销模式。

基于自身经验和实践探索，温氏集团通过信息系统，给每一只肉鸡建立档案，从委托养殖到委托运销，每一只肉鸡，从哪里来，到哪里去，都可以有效追溯。通过这种信息系统的构建，不仅保证了温氏集团价值链品质管理，还数量化了肉鸡适度销售半径和适度销售规模。这样就保证了运销户经营收益的稳定性和可预见性。基于大数据分析，再建立良好的预售沟通，保证运销户均衡的运销，最大化地均衡利用运销户的运力、财力及人力。也就是理论上讲的专注为渠道分销功能的有效运营提供产品和服务。

在分销收入和利润上，温氏集团也同样按照"综合效益观"，采取"削峰填谷"的做法，给运销户设计合理的收入和利润结构。毕竟养殖行业是价格波动很大的行业，能够得到长期稳定的收益是运销户最期待的。市场经济本质是效率，温氏集团通过帮助运销户提高效率，自己承担行业波动风险，全方位维护运销网络稳定，切实构建了双方长期合作的坚实基础。

有了这种定性加定量的分析、设计和持续优化，就为温氏集团后来的跨区域发展打造了合理的运销合伙人管理模式。后来温氏集团制定了"对养殖户的服务半径在 30 公里，给运销户的销售半径在 300 公里"原则，很好地保证了对养殖户的均衡服务和对运销户的均衡供给。

三、科研开发合伙人管理

（一）科研开发合伙人选择

畜禽养殖虽然是我国农民的千年活计，但究其本质，这是个生物工程，是生命科学，是高科技中的高科技。温北英从创业伊始，就确立了"造福员工，造福社会，科技兴场"的企业理念。温氏集团从创业期到成长期的养殖科研大致经历了经验积累、专家研讨、校企联盟三个发展阶段。

温氏集团创业初期，养鸡的技术问题主要靠温北英 20 多年的养鸡经验积累和读书知识积累。当遇到一些棘手的技术问题时，也像大多数农业企业家一样，会请教全国各地的农业大学的老师。温氏集团就曾经邀请过华南农业大学兽医系畜禽专家岑德光教授等做顾问，一起解决了一些养鸡的技术难题。很多农业企业家都是这样，基于自身经济基础薄弱，请一名顾问讲一节技术课，买点儿专利，做一些咨询服务，买点儿神秘配方等，经济实惠，简洁高效。

温北英和温鹏程的做事风格都是不安于现状，都有超前意识。他们认定，企业要大发展，不应仅仅满足于与专家个人合作，而要与大学、整体学科院系乃至高校合作。因为与专家个人合作，专家个人的知识面终归有限，而与有实力的高等学府的相关院系合作，无论在声誉上还是团队整体力量上，都可以得到全面且长期的保障。这是一种很大的合作胸怀与发展远见。因为当时温北英的簕竹鸡场并不算很强大，但有做大的决心。

1992 年 8 月，温鹏程代表簕竹鸡场与华南农业大学动物科学系协商并签订了长期技术合作协议。根据协议，簕竹养鸡场拿出 10% 的股份、1 个董事会席位给华南农业大学动物科学系，双方精诚合作，携手走上了产学研相结合的道路。双方长期合作成为了我国农业企业与高校产学研结合的典范，2011 年底，温氏集团被中国产学研合作促进会授予"2011 年度中国产学研合作创新奖"。华南农业大学派出 8 位专家教授轮流长驻簕竹鸡场，进行技术指导，开展技术研究，在育种、饲料、饲料添加剂、饲料加工、鸡病防治等方面与温氏集团全面合作。

温氏集团与华南农业大学的合作协议中有一个重要的条款，就是给华南农业大学一个董事会席位，拥有一票否决权。这个条款非常不符合常规实践。在董事会里，往往是投资人作为小股东，为了保护自身权力，要求拥有一票否决权，或者创始人为了控制公司宏观风险，而保留了一票否决权。温氏集团的这个否决权制度设计，是对专家的尊重，更是对科学规律的尊重，让最有权威的人行使权力，才能保证公司有效化解潜在风险，按照科学、常识运行。也许，这就是伟大企业之所以伟大的缘由，道理浅显易懂，却是知易行难。

（二）科研开发支撑技术领先

养殖行业有三大生命科学科技领域，分别是育种、防疫和营养。

1994 年，华南农业大学的教授们在温氏集团南方家禽育种中心，仅用 2 年时间，就培育出祖代"新兴黄鸡"1 号、2 号、3 号等种鸡。新兴黄鸡具有抗病能力强、肉料比低、产蛋率高、肉质好的特点。这些新型品种优质种鸡为肉鸡的繁殖和育肥提供了基因层面的巨大支撑，为温氏集团带来了实实在在的科技竞争力。

1997 年底至 1998 年初的香港禽流感事件后，肇庆动植物检疫局注册登记出口肉鸡的只有簕竹鸡场及温氏集团其他 4 家鸡场，这次事件虽然使温氏集团亏损了 6000 万元，但温氏集团种鸡场连续三年获得广东省颁发的"无禽流感证"。这就是防疫技术全面升级的现实价值，也得益于温氏集团规定将营收的 2% 以上用于科研经费。这就是我们理论上常讲的，品牌的价值构建不在于媒介全领域的大规模推广，而在于价值链各环节上严谨科学的运营管理。

从 1997 年开始，温氏集团每年从销售收入中提取 2% 作为科研经费，2005 年用于研究开发、技术改造及技术进步的经费达 2.6 亿元，2006 年达 3.2 亿元，均超过营收的 4%，仅在育种方面的投入就达 1 亿元以上。改革开放以来，我国社会科研投入在国民经济收入中的占比一直较低，像温氏集团这样高比例科研投入的农业企业风毛麟角。这就应了那句俗话，"前进路上并不拥挤，因为坚持下来的很少"。

2006 年，由华南农业大学、温氏集团等单位参加完成的"H5 亚型禽流感灭活疫苗的研制及应用"项目获国家科技进步一等奖。科技需要长时间的积累，所谓厚积薄发，就是坚持正确的科研方向和实实在在的科研投入，终有一天会得到国家和社会的认可甚至推崇。

2006 年，"华农温氏集团 I 号猪配套系"结合多项现代育种技术，在我国创新性地培育出四元杂交生产模式的种猪新配套系，通过国家畜禽新品种认定。"科技兴场"是温北英和温鹏程两位领导人制定的公司发展战略。随着公司实力的不断增强，温氏集团的科研从过去的纯应用性技术开发扩展到前瞻性科学研究。到 2006 年，温氏集团就已经是行业内防控重大动物疾病疫苗、研究体细胞克隆猪等重大科技创新突破的标杆企业。

只有民族的，才是世界的。随着温氏集团对科技的要求和自身科技创新能力的提高，温氏集团的生产标准远高于国家标准，达到了国际标准。温氏集团研发的禽流感 H5N1 疫苗、H9 疫苗、ND 疫苗等达到了国际先进水平，相当一部分出口到印度尼西亚、越南、埃及等亚洲、非洲国家。企业家的立意高远，自然带动科研的星辰大海，总有一些企业先于国家号召，走在时代前面，提前进入高质量发展阶段，也就提前在科技产品领域进入了国际化。

2006 年，温氏集团与中山大学生命科学院共建动物防疫平台。温氏集团一开始的科研定位就是与高校的科研学科合作，这就自然而然地推动温氏集团在发展进程中，时刻寻找优秀的科研合作伙伴，从各个角度、各个领域提升温氏集团的科研能力。

2008 年 5 月，温氏集团与中国农业大学、华南农业大学合作，产出第一批克隆种猪，克隆种猪技术指标达到国际先进水平。据悉，目前世界上已有英国、日本、美国、澳大利亚、韩国等 9 个国家具备生产克隆种猪的能力。基因科学时代，企业的科研布局必须从过去走到现代，从现代走向未来。

四、温氏集团养殖服务经营体系建设

（一）温氏集团养殖服务链构建

养殖是一个大产业，养殖服务是一个大系统。合抱之木，生于毫末，九层之台，起于累土，温氏集团的千里之行，也是始于足下。随着养殖生产环节、渠道分销环节、科研开发环节逐步构建起外部合伙人经营体系，温氏集团同时围绕养殖服务的核心价值链，逐步构建起养殖服务的内部经营体系。

1986年，温氏集团从自繁自育自养自销经营模式转型为场户合作、代购代销经营模式之后，就开始稳步推进养殖服务基础设施建设。1987年下半年，温氏集团创办了第一家孵化厂。1988年，温氏集团承包了新兴县农机二厂的饲料厂，开始自行生产饲料。

1989年，温氏集团从场户合作、代购代销经营模式升级为"公司+农户"经营模式。1989年4月，温氏集团以每年10.8万元租金承租了新兴县粤新饲料厂，从此有了第一个用机器生产的饲料加工厂。随后，温氏集团陆续扩建了种鸡厂、孵化场。1993年，温氏集团引进了肉鸡生产线，建设了冷冻厂。1994年，温氏集团创办了第三家饲料厂，同时组建了温氏集团南方家禽育种中心。2004年，温氏集团创办了大华农动物保健品公司，开展兽用生物制品及其原料、兽用药物制剂、饲料添加剂等业务。这样，从无到有，温氏集团循序渐进地创办了育种、饲料营养、防疫保健三大领域的分子公司，夯实了养殖服务链的基础架构。

（二）温氏集团养殖服务区域布局

1994年，温氏集团在河南省组建了禹州市广东温氏集团中原家禽公司，开始向外省扩张。温氏集团在每个分公司下面都设有4~10个不等的二级半分公司，例如位于江苏太仓的广东温氏集团家禽公司，下面就设湖州、镇江、衢州、淮安、连云港、南浔、江山等分公司。这样设置的原则是对农户的服务半径为30公里，运销户销售半径为300公里，保证对养殖户的快速反应及成鸡的快速销售。

2000年10月，温氏集团由国家农业部、商务部等八部委联合评定为首批农业产业化国家级重点龙头企业。荣誉的获得，是对温氏集团养殖事业成绩的认可，又为温氏集团加速全国布局提供了品牌背书支持。

（三）温氏集团养殖服务多元化发展

1997年开始，在继续保持肉鸡养殖快速发展的同时，温氏集团把肉鸡委托养殖模式复制到养猪、养鸭、养牛等相关畜禽养殖行业，走上了有限相关多元化道路。

1997 年，温氏集团开始养猪。从 1997 年到 2008 年，温氏集团养猪合作农户以年均 25.3% 的速度增长，上市肉猪以年均 66.7% 的速度增长。到 2008 年，温氏集团已有 4 个原种猪场、15 个种猪繁殖场、57 个商品猪苗场。肉猪养殖服务成为了温氏集团第二个业务增长点。联想到温鹏程高中毕业后第一次创业，就是牵头带队开展养猪事业，后因国家政策被叫停，如今再次成功养猪，令人感慨，优秀的人终将做出伟大的事业，不畏时间早晚。

2001 年 6 月，温氏集团从澳大利亚引进 360 头良种奶牛，其中 176 头娟姗牛是世界著名优质奶牛品种。这批奶牛的引进，使温氏集团的奶牛存栏量达到 1000 多头。

2009 年，温氏集团上市肉鸡 6.77 亿只、肉猪 345 万头，实现销售收入 167 亿元；温氏集团合作农户 4 万多户，户均年度获利 3.6 万元。回想 1986 年，温氏集团获得了 36 个合作养殖户，就敢全部放弃自繁自养，如今合作农户规模增长了一千多倍，令人感慨，只要相信合伙理念，就能看见共赢成果。

五、温氏集团养殖服务管理体系建设

（一）信息管理体系构建

1991 年，在电脑刚发展到 386 时代，温北英就敢于决策，投资 17 万元购买电脑，用于记录、分析公司经营的各项数据。买电脑花掉了当时公司资金的 1/10，这是温北英密切关注社会发展趋势，围绕"科技兴场"价值观勇于尝试新科技的体现，这是温氏集团注重信息化建设的源头。

1991 年开始，温氏集团就已经能够对每一个合作养殖户的行动了如指掌。每个合作养殖户每一次领取种苗、疫苗，在电脑信息管理系统上都有完整的记录。每只育肥畜禽，从出生开始就可以带上标牌，建立自己的档案。祖代、父母代情况，打过什么疫苗，谁在饲养，有无发病史，用了什么药、药量多少，等等，全部记录在册。畜禽上市后，销售流向也会有案可查，万一出了问题，追溯起来很容易。这就是标准化养殖经营的优势，也是承担社会责任的能力。

2000 年 8 月，"温氏及图"商标被认定为中国驰名商标。同年，温氏集团互联网站正式开通，温氏集团进入 E 时代。温氏集团逐步构建起全流程信息化畜禽养殖管理的能力体系，为后面进一步扩大养殖规模和提高养殖质量打下了坚实基础。正所谓"工欲善其事，必先利其器"，管理不是可有可无的，而是需要持续投资，久久为功。

（二）高度集中的管理体系

"公司+农户"经营模式的优点是投资成本低，占地少，见效快，可以充分利用农村分散的劳动力和土地资金资源；缺点是容易出现质量安全问题，利益主体不同，目标追求不同，很容易出现各顾各的现象，最后受损的既是养殖户，也是公司。

1992 年，根据生产经营需要，温氏集团先后设置了服务部、生产技术部、饲料部、营养部、销售部、财务部等职能管理部门，并由职能部门负责联合组建一体化的养殖公司。有了职能管理体系之后，温氏集团开始走出簕竹镇，首先到邻近的稔村镇成立稔村服务中心，开始扩张发展。

为保证种苗的质量及本土化，温氏集团向各地的分公司直接供应父母代种苗。集团统一采购玉米、大豆粕等大宗饲料原料，当地分公司配备相应的饲料厂来加工。各种疫苗和药物，则由温氏集团下属的大华农动物保健品公司提供。技术服务部对所有养殖户实行免费上门服务，每隔 3 天一次，全程技术指导。除负责免费接种外，还对通风保温、饲养密度、饲养周期、药物配比、饲喂方法等进行具体指导。所有这些努力都是为了帮助养殖户切实提高养殖质量。

对于全国性运营的集团企业，总部和分部及基层公司之间的组织与分工的明确性、决策与执行的有效性是检验现代化企业的制度建设的关键所在。

在领导体制上，温氏集团的五年发展规划（从 1999 年开始）、重大投资计划、分配方案均需股东代表大会审议通过，体现股东合伙人意志。在运营体制上，温氏集团下属众多分支机构的产供销、人财物等各条线都由温氏集团总部对应职能部门直接指挥，体现高度集中管理。在责任主体上，温氏集团总部实行总裁、总经理、经理分级负责制，下级对上一级负责，基于明晰的责任主体建立了一套完整的议事规则。在职能定位上，温氏集团总部是决策指挥中心，二级公司作为派出机构代表总部管理区域业务，基层一体化公司作为经营主体，承担利润中心职责，每级组织通过严密的生产经营计划管理，保证计划如期实现。在制度建设上，在财务、人事、行政、生产、科研等方面均制定了完善的制度。

温氏集团的领导力主要体现在总部层面，执行力主要体现在一体化公司层面。温氏集团的区域性一体化公司承担总部在区域市场的战略任务，独立面对区域市场，实现自我配套、自我完善、自我发展。这种能够灵活面对市场变化的组织设计，使每个成员企业均迅速成长为生产经营主体，成为向总部贡献利润的战略绩效单元。畜禽产业链中所涉及的育种、种苗、饲料生产、饲养管理、技术服务、市场销售等核心经营流程，都借助于信息系统集中管理，通过持续提高流程效率，使公司的经营成本总体低于社会同行平均水平。

制度化管理是公司规模化发展的基石。我国很多企业在经营上都能做到迅猛发展，但很多企业在管理上大都基础薄弱，最后在全国化、全球化、多元化发展道路上摔了跟头、跌了跤，才想到要回到原点，重新夯实管理基础。船大难掉头，大企业散漫无矩的文化一旦形成，想要成系统地优化变革，谈何容易。

（三）高度分散的股权体系

1990 年，算是温氏集团股份合作制模式的真正开端。这一年，簕竹鸡场开始发行职工内部股票，印发了股权证，共有 1 万股，每股 100 元，代表全场拥有 100 万元资产。1992 年，鸡场按 370 元一股的价格收回原股票，重新推出了每张 1000 元的新股票。

1993 年，云浮市政府批准簕竹鸡场组建为新兴县温氏集团食品集团，这是云浮市首家农民股份制企业集团。这一年，温北英总结勒竹鸡场办场以来的员工创业精神，制定了温氏集团人赖以合作的指导思想、工作准则和温氏集团员工准则，成为所有温氏集团人信奉的圭臬。该准则即为温氏集团精神，主要包括"精诚合作，各尽所能，齐创美好生活。用科学，办实事，争进步，求效益。文明礼貌，胸怀广阔，磊落光明。同呼吸，共命运"。

1994 年，温北英先生辞世，温鹏程继任董事长。当年，温氏集团营业额达到 1 亿元，经广东省工商局和云浮市有关部门批准，温氏集团正式升格为广东温氏食品集团有限公司。这一年，温氏集团进行第三次股票改革，废除原值 1000 元的股票，推出每张 100 元的新股票，并且将原始股转化为活动股和基本股两部分，即所谓的 A 股和 B 股。A 股具有共担风险、共享收益的特点，分红高不封顶，但低不保值，发行了 21 万股。B 股具有升值有限、低值保本的特点，股东可以月月领取红利，发行了 3.6 万股。股东覆盖面也由员工扩大到公司所有的合作者，包括养殖户和运销户。温氏集团在财务部下设股票交易小组负责股票交易和转让。此后，随着员工增加，为保证新来员工均能持有股份，集团相继几次实行了增资扩股。

1999 年，温氏集团企业类型变更为有限责任公司，工会代持员工股权。2000 年后，因为担心非法集资等敏感问题，温氏集团通过回购的方式收回了养殖户和运销户及经营合作者等非公司人员的股票。2002 年，整体改制变更设立股份有限公司，股东由 700 多人增至 4000 多人，实现了集团总部员工和分公司员工均持有股票的态势。

2008 年，温氏集团拥有全部股东 8250 人，温氏集团家族持有股份仅为 13.08%，温鹏程 3.54%，前十大股东不超过 20%，前 200 名股东刚过 70%。

温氏集团高度分散的股权结构，加上高度集中的管理体系，使"民主集中制"原则在温氏集团这样的民营企业中得到了很好的体现。

第四节　梯田云营销合伙人管理实践

梯田云的营销合伙人管理实践，就是以梯田云这一国有控股的混合所有制电商产业扶贫龙头企业为平台，系统整合政府、企业、农民及社会机构的资源和能力，共同打造元阳梯田区域农产品品牌。

一、梯田云的渠道营销

（一）对内打造电商矩阵

有了电商产业扶贫龙头企业，就可以建设元阳本地的电商平台。2016年底，一片林公司协助梯田云与有赞公司（杭州有赞科技有限公司的简称）建立合作关系，共同开发"元阳商城"。

2017 年，在元阳商城基础上，梯田云进一步开发了元阳商城 App、元阳商城微信公众号、全员微小店、分销代理平台，同时与中粮集团我买网等多个大型电商平台合作，打造多个大平台带更多小平台的电商营销网络矩阵，初步实现了电商产业在元阳县域的落地扎根。

2018 年，随着元阳红米品牌和相关农产品组合的开发和上市，梯田云开始进一步构建县乡村多级电商矩阵。在元阳县城建立了元阳县电子商务运营中心，以打造全县农特产品销售与推广平台；在元阳县城还建立了稻梦梯田众创空间，以培育全县新型农业经营主体；在牛角寨镇建立了乡村新型商业中心，以创新乡村"超市+手机体验店"模式。全县初步形成一大平台（元阳商城）、三大中心（元阳县电子商务运营中心、稻梦梯田众创空间、牛角寨乡村新型商业中心）、十个站点（10 个行政村电商服务站示范点）的多级电商矩阵。

（二）对外整合电商资源

在内部"合纵"的同时，梯田云不断开展外部"连横"。借助梯田红米电商销售平台，梯田云、粮食公司、有赞公司联合承诺，打造"3+2000"精准扶贫合作模式助推扶贫攻坚，帮扶不少于 2000 户建档立卡贫困户销售梯田红米增收致富。梯田云与阿里巴巴网络技术公司合作，构建阿里巴巴帮助 1000 户建档立卡贫困户销售梯田红米的农村淘宝"1+1000"电商精准扶贫模式。

2017 年，梯田云委托粮食公司收购红稻、加工红米，通过自有"元阳商城"电商网络，实现电商订单 90632 单，销售额 471 万元，销售红米14.70 万斤，精准帮扶 2000 户贫困户，带动 6400 户种植梯田红米 3.2 万亩，其中建档立卡户 3808 户，为下一年带动更多农户种植红米、深度参与电商产业运营奠定了坚实基础。

二、梯田云的产品营销

（一）丰富元阳农产品组合

在夯实梯田红米品牌基础后，梯田云进一步在原有产品精深加工基础上拓展了产品组合。借助粮食公司在 2016 年新建的留胚红米生产线，推出红糙米、留胚红米、精制红米、水碾米四类产品，以及红米米线、红米早餐粉、红米米饼、红米米糕、红米糊、红米茶、红米酒、梯田鸭蛋等系列农特产品，布局研发红米牙膏、红米洗发露等红米日化产品线，为壮大红米产业电商集群持续开展产品研发投入。

（二）打造元阳农产品区域品牌

重新激活农民及农业合作组织后，元阳县农业局进一步修订和实施了梯田红米发展规划、梯田红米种植标准等系列规范性文件，专项拨款支持农民将部分荒废的梯田重新翻修整治，既解决了高产作业需要，又有效实现了哈尼梯田非遗生态保护。在海拔 1400~1800 米，精选红阳 2 号、3 号、8 号优良品种，开展大规模标准化红米种植，完成了元阳梯田红米有机转化认证和元阳梯田红米有机转化产品认证。在梯田云助力下，哈尼梯田于2017 年获批了"国家有机产品认证示范创建区"。"梯田红米"是云南六大名米之一，元阳县是"中国红米之乡""全国粮食生产先进县""水稻绿色高产高效创建项目县"。在这些品牌要素基础上，又有了大规模标准化种植的加持，梯田云注册了"梯田印象""梯田红米"等多个红米品牌及其他农业食品产品品牌，聚焦打造电商网红产品品牌矩阵。

三、梯田云的社区营销

（一）构建产业合作组织

伟大的事业从来不能没有农民的参与，事业的成功需要与农民一起打造共商共建共享机制。梯田云不能仅仅是政府的企业、企业家的企业，更要是农民的企业，只有政府、企业、农民真诚携手，才能共建脱贫致富的命运共同体。农民参与产业经营和资本经营，最担心的是经营风险问题，最缺乏的是组织管理经验，所以必须坚持"稳"字当头、"细"字着力。

脱贫攻坚，群众动力是基础。有了 2016 年一片林公司规模化电商销售的成功实践，以及 2017 年元阳商城电商营销体系的构建，农民看到了希望，建立了信心，变"要我脱贫"为"我要脱贫"。元阳县委县政府因势利导，委托粮食公司为龙头企业，采取农民自带责任田入社方式，元阳县成立了多家村镇级梯田红米专业合作社，2017 年底全县合作社社员达到 3500 户。通过政府、龙头企业、农民共同努力，"家庭联产承包责任制、统分结合的双层经营体制"初步落地，为发展电商扶贫提供了更坚强的产业支撑。梯田云协助政府建立扶贫台账，将每户种植梯田红米的贫困户发展成合作社成员，发放《元阳县有机红米专业合作社社员证》，详细记录每户种植梯田红米贫困户的梯田红米产量、收购价、销售时间、销售收入等数据信息，做到一户一档一台账，精准销售、精准记录、精准回访。梯田云作为电商龙头企业，利用自身信息管理能力，不仅开展电商运营，还解决了涉及政企农的电商数据、扶贫数据、产业数据之间的信息孤岛问题，初步奠定了智慧扶贫基础。

（二）完善产业扶贫顶层政策

在 2017 年梯田云取得丰硕成果基础上，元阳县委县政府继续加强产业顶层规划和基础设施建设，编制了更落地、更实操的《红河谷经济开发开放带农业产业规划》《稻鱼鸭综合种养模式发展规划》，建制村公路路面硬化率达到 100%，哈尼梯田核心区沟渠整治基本完成，4G 网络覆盖率 90%，行政村通宽带率 97%，为发展电商、移动电商经营提供了越来越有效的基础设施支撑。

2018 年，元阳县委县政府又开始组织实施《元阳县产业扶贫"1+5+10"实施方案》《元阳县人民政府与云南龙润集团有限公司产业扶贫合作实施方案》，本着"坚持社会动员，凝聚各方力量"原则，集成政府、企业、金融、新型经营主体、贫困户多元扶贫主体的资源和能力，推动"政企农"产业扶贫合作模式，在确保贫困户稳固增收基础上，政府、企业、农民三方协力同心，聚焦做大做强元阳有机农业食品产业。

（三）切实保护农民产业经营利益

梯田云有了稳定的电商营销渠道和规模化的电商经营矩阵，再加上龙润集团等企业的鼎力支持，通过开展"保底收购"，有效帮助农民降低了产业经营风险，获取了稳定的产业收益。"保底收购"指对建档立卡贫困户种植的红米以每公斤 7 元的保底价进行收购，梯田云委托粮食公司收购和精深加工梯田红米后负责销售。对建档立卡贫困户的梯田鸭蛋以每枚 2 元的保底价进行收购，梯田云负责精深加工及销售。对建档立卡贫困户种植的板蓝根以干品每公斤 5 元的保底价进行收购，再由龙润集团负责收购、精深加工及销售。对建档立卡贫困户种植的茶叶以毛料每公斤比当地市场价高 1~2 元的价格收购，梯田云委托元阳茗皓茶业公司精深加工后负责销售。对建档立卡贫困户养殖的白毛生猪以毛猪每公斤比当地市场价高 1~2 元的价格收购，梯田云委托玉溪百信集团加工后负责销售。

（四）增加农民资本经营收益

有了稳定的电商营销渠道和保底收购政策，元阳县委县政府积极推动贫困户从参与产业经营向参与资本经营转型升级。元阳县农村信用合作联社、中国农业银行元阳县支行等金融机构根据脱贫攻坚金融支持相关政策，向建档立卡贫困户承贷户均不超过5万元的小额信贷。有了前几年电商产业经营的信心，建档立卡贫困户更愿意将产业扶贫资金、小额信用贷款和自有资金作为产业发展资金投入到乡镇、村农业专业合作社中，一方面可以助力产业发展，另一方面可以获得可观的年底分红。通过开展资本经营，壮大了农村集体经济组织实力，强化了贫困户基于参与产业化经营的资本化利益联结机制。

到2018年底，元阳县累计发放扶贫小额贷款11463.5万元，受益贫困户2324户，其中，产业合作的建档立卡户有1684户，发放贷款8416万元；自主发展产业的建档立卡户有640户，发放贷款3047.5万元。

我国改革开放40多年，弹指一挥间，"家庭联产承包责任制、统分结合的双层经营体制"终于在大力发展混合所有制的今天，在元阳这片古老而又崭新的红土地上成功落地。

第五节　婕斯营销合伙人管理实践

婕斯的营销合伙人管理实践，就是依次把婕斯全球会员培养成为消费合伙人、分享合伙人和创业合伙人，帮助会员获得健康、年轻、财富和自由。

一、婕斯消费合伙人管理

（一）消费管理走向过程化

菲利普·科特勒在1967年出版了《营销管理》，提出满足用户需求是企业的基本功能。而为了有效满足用户需求，产品品牌商必须打通从企业到用户之间的商品流通和交换过程。这个过程中大致包括渠道分销商、终端零售商、社区消费商三类中间商，只有建立合理的多层级垂直营销管理体系，才能保证产品从厂家到用户的循环和再循环过程的顺利运行。

随着商业模式的迭代进步，企业在构建多层级垂直营销管理体系进程中，营销重心先后从渠道分销过渡到终端零售，直至社区消费。尽管营销重心有所迁移，但各个环节的营销功能依然存在，只是通过一些形变而转换到不同类型的中间商身上。所以，当我们在确立了企业的不同发展时期，以及不同企业的不同营销重心选择之后，依然要清醒地意识到要分配好各项营销功能的权责承担者。

综合来看，当今时代，全球企业的营销重心主要在终端零售环节，包括线上零售模式和线下零售模式或线上线下融合模式。近些年来一些企业开始探讨社区零售、社群零售、社交零售等各种以消费商为营销重心的营销模式并广泛实践。从实践绩效来看，消费商模式依然处于探索阶段，一方面与消费商尚未大规模成熟有关，绝大部分消费商在自我认知和定位上依然以自身消费功能为主要关注点，而未认知到自己需要依托消费经验，主动承担终端零售功能甚至渠道分销功能；另一方面与企业对消费过程管理的能力有关，绝大部分企业依然是以产品销售功能为主要关注点，而未认知到需要从用户的消费过程出发，围绕消费过程的有效运营构建服务体系，为用户和消费商提供产品和服务的整体解决方案。

婕斯产品是未来医学范畴下的细胞优化系统，基本上每款产品都拥有领先全球同类或类似产品 10~15 年的技术优势。婕斯的产品特性，一方面利于消费者剩余的供给，帮助早期试用者获得物超所值的体验；另一方面给消费过程管理带来了很大的难度，这需要一个艰难的市场教育过程，也就是说婕斯消费商"赚的是帮助用户认知升维的钱"。

（二）消费合伙人的选择

1902 年，美国罗杰斯教授在《创新扩散》一书中首次提出创新扩散理论。罗杰斯对个人创新的定义是"在同一社会体系中，某个人比其他成员相对早地采用创意的程度"。为此，可以把个人创新分为五个连续的类型，即在创新产品被个人采用的过程中存在五种类型。首先是创新者，占购买者的 2.5%，他们愿意冒风险试用新创意。其次是早期采用者，占购买者的

13.5%，他们非常仔细地试用新创意，他们被尊敬所支配，是社会上的意见带头人。然后是早期多数者，占购买者的34%，他们态度慎重，虽然他们不是意见带头人，但会比一般用户先采用新创意。接着是晚期多数者，占购买者的34%，他们持怀疑观点，要等到大多数人都已使用后才会采用这种新创意。最后是落后者，占购买者的16%，他们受到传统束缚，怀疑任何变革，只有在创新事物变为传统事物后才采用。

婕斯产品是前沿高科技产品，是在细胞层面解决用户健康问题。对于潜在用户，传统的广告模式无法有效解决这类产品的认知问题和信任问题。为此，婕斯采取会员制的营销模式，就是为了规避传统广告的失效问题，以及传统渠道分销和终端零售模式的失效问题。在消费管理环节采取会员制模式，就一定会受到创新扩散规律约束，这就决定了婕斯发展会员，要先找创新者和早期使用者，再由他们去发展和带动早期多数者、晚期多数者及至落伍者。

回顾过去十几年婕斯会员发展历程，早期加入婕斯的会员当中，创新者基本上都是富人群体、高端医生群体，早期试用者基本上都是中产阶级群体。富人群体最大的特点是思维开放，愿意尝试新生事物，更关注个人及家族健康，像比尔·盖茨、李嘉诚这样的富人群体，对大健康产业的创新极度关注。高端医生群体最大的特点是思维理性，愿意学习新知识，更关注创新的实践价值，像我国一些三甲医院的一线医生，因为受困于传统医学和抗生医学的瓶颈而赴欧美学习修复医学和再生医学，对未来医学的创新高度关注。中产阶级兼具富人群体和高端医生群体的优点，只是信息获取渠道相对狭窄，接受新生事物和升维自身认知相对较慢，他们加入婕斯的时间，或者是婕斯成立几年以后，或者是得到多个婕斯老会员的数次分享之后才决定加入婕斯。

（三）消费合伙人的培养

婕斯消费合伙人的培养，基本上需要经历认知、信任、试用、满意、忠诚、口碑六个循序渐进的环节。

1. 认知

在认知环节，潜在用户要了解婕斯理念，了解婕斯产品，了解婕斯老会员的健康故事。

潜在用户要了解婕斯理念。作为潜在用户，要深刻理解，商人和企业家最大的不同在于理念。为此，潜在用户要积极了解婕斯创始人家族情况，理解他们创办婕斯的初心。婕斯创始人兰迪因为幼年的贫寒经历，他希望婕斯能够帮助会员用户获得财富和实现梦想。婕斯创始人温迪因为中产阶级家庭出身，她希望婕斯能够给会员用户带来身体健康和品质生活。婕斯两位创始人的儿子刘易斯自幼参加网络营销，他希望婕斯能够和会员用户一起，在全球推动健康运动，给世界带来积极影响。

潜在用户要了解婕斯产品。作为潜在用户，要本着对自己负责的态度，认真而广泛地学习健康管理知识，特别是与婕斯相关的书籍和视频音频资料。潜在用户可以阅读细胞治疗基础书籍《你是你吃出来的》（作者是安贞医院第一任临床营养科主任夏萌）、《细胞优化关键密码》（作者是婕斯科学家兼科学发言人威廉·安泽列格），可以系统学习婕斯的科学家及资深会员关于婕斯细胞优化产品的讲解视频或音频，要理解婕斯产品不是传统的保健品（主要由营养素组成），而是细胞优化产品（主要由植化素组成）。

潜在用户要了解婕斯老会员的健康故事。婕斯产品大概率能够帮助会员修复健康和重返年轻，但千人千面，每个婕斯老会员的身体基础不同，需要调理的身体健康需求不同，使用的婕斯产品组合不同，自身改善效果各有不同。一些认真负责的婕斯老会员，在试用婕斯产品过程中，会记录自己的身体和心理的内外部变化，结合自己的身体基础、产品使用情况、好转反应，形成自己真实的婕斯故事。潜在用户需要在婕斯社区里，多与老会员交流，掌握尽可能多的老会员的婕斯故事，再结合自身情况，探索试用的婕斯产品组合和试用周期，形成合理的细胞修复预期。

2. 信任

在信任环节，潜在用户要学会信任婕斯老会员，要学会信任婕斯会员社区，要学会信任婕斯交互式跨境电商平台。

潜在用户要学会信任婕斯老会员。婕斯是好人经济，婕斯的成功靠的是好人吸引好人。但这并不意味着潜在用户只是简单相信，相信是一种能力，这需要潜在用户要有科学敬畏心和技术好奇心，更要有新知学习能力和逻辑判断能力。潜在用户要学会判断为其分享婕斯的老会员的人品和婕斯故事的真实性，进而判断需要进一步了解婕斯的企业理念、平台模式、产品功能。

潜在用户要学会信任婕斯会员社区。物以类聚，人以群分。一个老会员人品好固然重要，一群老会员人品好才是真的好。潜在会员要主动参与婕斯会员的线上社群交流和线下社群活动，在尽可能多地收集老会员的婕斯故事的同时，整体上感受婕斯会员消费社区的利他文化和分享氛围。

潜在用户要学会信任婕斯交互式跨境电商平台。婕斯不仅在我国的官方备案是跨境电商平台，在全球 150 多个国家都是备案为跨境电商平台。婕斯经营模式类似直销，但不是直销，也没有在任何国家（包括美国本土）取得直销牌照，婕斯经营遵照的是国际互联网公约、万国邮政公约，因为我国是世界贸易组织（WTO）成员国，必须遵守以上公约。国际互联网公约和万国邮政公约规定，任何国家不能以任何形式和理由干涉和阻碍网上交易和电子商务的发展进程。

3. 试用

在试用环节，潜在用户要注册成为新会员并购买产品，新会员要学习正确试用婕斯产品，要认真体验和记录自己的好转反应。

潜在用户要注册成为新会员并购买产品。经过十几年互联网平台与消费者之间的深度交互，我国互联网平台的易用性举世无双。婕斯作为美国互联网平台，其逻辑性很强，易用性很差。除了有过跨境电商采购经验和学习能力较强的新会员，大多数新会员在注册时，总是感觉陌生，这就需要主动寻找老会员帮助。万事开头难，新会员学会注册成为会员并亲自操作几次购买之后，就可以很熟悉婕斯稳定的网络交互逻辑。

新会员要学习正确试用婕斯产品。婕斯产品使用简单方便，但有一些小的环节需要注意。比如，婕斯的沛泉菁华，核心产品工艺是悬浮冷凝胶技术，细心的会员会记得太空飞船舱里出现过的颗粒悬浮现象，沛泉菁华的食用方式是口腔含服 1 分钟左右，即通过舌下静脉丛完成对白藜芦醇等有效物质的高效吸收。有些新会员没有了解清楚而按照传统方式直接喝下去，白白浪费了好产品，关键是浪费了宝贵的时间。所以，新会员要积极与老会员沟通，咨询产品的正确使用方法，特别是新会员计划给家人食用，更要给家人介绍清楚使用方法和注意事项。

新会员要学会认真体验和记录自己的好转反应。婕斯产品主要功能是细胞优化。传统的保健品对身体健康明显改善的周期是 6 年左右，而婕斯的细胞优化产品遵循 6 个月左右的人体细胞修复周期逻辑。在细胞修复周期内，人体会产生好转反应，中医叫瞑眩反应，包括战汗、心烦等现象。瞑眩反应因个人服用的产品组合、生活习惯、体质及健康状况不同而有所差异。虽有普遍规律，但存在个体差异，所以新会员既要主动与老会员沟通，又要认真体验和记录自己的好转反应，及时总结自己的健康管理规律。

4. 满意

在满意环节，新会员在试用 6 个月期间，逐步体验好转反应，并更有信心复购和试用更多婕斯系列产品，在长期试用和复购过程中，体验到婕斯稳定的产品质量和会员服务。

新会员要圆满完成产品试用周期。新会员在试用婕斯产品的过程中，一般都会怀着将信将疑的试试看态度，这种心态再正常不过，毕竟是体验新事物。在新会员试用婕斯产品的周期内，既要预先与老会员交流可能出现的好转反应，又要认真做好日常体验记录，直到产生明显的健康改善，圆满完成产品试用周期。

新会员要复购和试用更多产品。新会员在初次试用婕斯产品成功之后，往往希望长期使用婕斯产品，这就需要复购产品。由于婕斯细胞优化系统中，各个产品本身是遵循中医复方逻辑研制而成，进而，各个产品组合又是一个更大的复方系统，所以，婕斯产品的使用最好是全套或组合使用。为了鼓励新会员全套或组合使用产品，以达到更加理想的效果，婕斯会以季度为主要活动周期，推出优惠套餐活动，惠利老会员。新会员最好与复购经验丰富的老会员沟通讨论，深刻理解各个套餐的价值，做出适合自己需求的合理消费决策。

新会员要认真研究婕斯会员服务模式。通常来讲，新会员对婕斯平台和产品信息掌握得总是相对较少，对婕斯平台和产品的期待总是很高。为此，新会员要积极搜索婕斯公司官方信息，研究婕斯会员服务内容，以及老会员提供的婕斯故事，形成对公司的框架性认知和合理性预期。在价格方面，产品价格不是消费成本的全部，总的消费成本还包括消费税和物流费。在物流方面，有时候，物流周期会受到公司产能不足而延迟发货的影响，以及受到新冠肺炎疫情期间物流阻滞影响等。

5. 忠诚

在忠诚环节，新会员决定长期购买和使用婕斯产品，因此成为老会员，老会员有更多机会获得积分奖励和旅游奖励，有更多机会参加婕斯大学并与婕斯创始人家族及婕斯科学家面对面交流沟通。

新会员长期购买和使用婕斯产品。新会员要学会升级会员资质，在婕斯会员体系中获得更高的聘阶。新会员要学会选择套餐，循序渐进地试用更多婕斯产品和年度新品，学会组合使用婕斯产品，以获得更好的细胞优化效果。

新会员获得积分奖励和旅游奖励。新会员要掌握婕斯促销政策，最大化获取消费积分，以降低消费成本及至获得消费收益。新会员要掌握婕斯旅游奖励制度和运作机制，以便在购买相关套餐或产品时及时有效地获得旅游积分奖励，得到更多全球旅游奖励机会。

新会员积极参加婕斯大学。新会员通过参加婕斯大学，广交婕斯全球会员朋友。新会员在婕斯大学可以结识婕斯创始人家族，可以结识全球顶级生命科学领域的科学家，可以感受婕斯创始人家族积极参加的社会公益活动，可以聆听婕斯科学家讲解科学前沿和产品新知，多层次扩展个人知识结构和提升个人能量维度。

6. 口碑

在口碑环节，新会员要在婕斯消费社区分享产品试用效果，要向潜在用户分享婕斯理念和婕斯会员社区。

新会员在婕斯消费社区分享产品试用效果。新会员通过分享自己的试用效果，帮助其他新会员及潜在用户了解更多真实的消费体验和成功案例，以便不同的新老会员及潜在用户得到更多的有用信息，做出更好的消费选择。

新会员向潜在用户分享婕斯理念。新会员要学会讲自己的婕斯故事，用自己真实的婕斯故事，以及婕斯公司的分享理念，去影响和帮助更多潜在用户。这些潜在用户往往是新会员自己的亲朋好友，给亲朋好友提供新的健康改善机会和产品组合选择是一件功德无量的事情。

新会员向潜在用户分享婕斯会员社区。婕斯会员社区是一群高端会员，主要包括富人群体、高端医生及具有较强学习能力和分享精神的中产阶级。新会员要学会向潜在用户介绍婕斯会员社区人群构成、会员活动主题和形式，帮助潜在用户有选择地参与婕斯会员社区活动，进一步了解婕斯会员消费社区的分享文化。

二、婕斯分享合伙人管理

(一) 消费需求走向共享化

良好的人际关系是社会适应性这一健康指标的成功基础。我们观察到，一些人际关系良好的人，都有爱好分享的品质，消费分享是他们日常生活的基本组成部分。

互联网时代，人们的分享虽然可以借助电脑和手机，但主要的分享还是发生在人与人面对面社交过程中，通过彼此交流理念、方法论、产品、服务等内容，互相分享知识、传递经验，以达到利他利己、深化感情的目的。

移动互联网时代，人人自媒体。在我国，从 2012 年开始大规模出现微商，到 2018 年开始大规模出现社交新零售，都是基于人际交互的商业模式。互联网打车、共享单车、共享民宿等共享经济模式被投资人和企业家不断创新，推动了共享消费经济的发展。

共享消费经济已在悄然变革着传统营销模式。传统营销模式下，企业建立区域营销中心，需要花费不菲的代价支付区域营销人员的办公费用、人工费用以及营销费用。婕斯这样的共享消费经济平台，通过建立交互式跨境电商网络，让全球会员参与进来成为分享者，通过自我消费和分享消费而获得积分奖励，降低消费成本，进而增加财富。

（二）分享合伙人的选择

"二八原则"的使用范围是如此之广，在分享婕斯这项事业上同样适用。前面我们讨论过创新扩散理论，一开始拥抱和接受创新事物的是创新者和早期采用者，这两类人占用户的 2.5%和 13.5%，合计占比 16%，基本符合二八原则。所以选择婕斯的分享者，就是选择创新者和早期采用者，就是选择富人会员和高端医生会员，以及中产阶层中的爱学习爱分享的会员。网络流行语中讲的"选择比努力重要"是事业定位逻辑，婕斯流行语中讲的"找到对的人"是事业合伙人选择逻辑。

婕斯的分享者，首先要具有很好的个人信用。老会员与潜在用户之间的分享，首先看老会员个人信用，然后看分享的婕斯产品和背后的婕斯公司。所以，"人无信不立"这一古训在个体经济崛起时代再次闪耀出智慧和善意光芒。其次要有很强的倾听理解和表达影响能力，从而保证老会员与潜在用户之间的有效沟通。这种有效沟通，不是要说服潜在用户成为新会员，而是选择"对的人"，就是选择有较强认知、学习、尝试能力的人。

做营销，还是要遵循一些经典的营销理论。艾·里斯和杰克·特劳特在 1969 年出版的《定位》一书中谈到，战略营销要遵循 STP 法则，即先做市场细分（Segmentation），再做目标市场选择（Target），继而做出明确的企业价值主张定位（Position）。婕斯就是这样，参照创新扩散理论，进行了精准的营销定位，看似产品少，但每款都是精品，一上市即长盛不衰十几年，看似会员少，但每个会员都是自带认知功能和分享势能，不断推动会员群体稳步扩大，看似产品贵，但通过分享，不仅降低成本，还可以增加财富。

（三）分享合伙人的培养

婕斯分享合伙人的培养，基本上需要经历研究、故事、分享、交融、购买、辅导六个循序渐进的环节。

1. 研究

在研究环节，老会员要深入研究婕斯事业模式，系统研究婕斯产品结构，综合研究婕斯奖励制度。

老会员要深入研究婕斯事业模式。婕斯的事业模式主要包括三个关键要素，分别是供应端的婕斯细胞优化系统、需求端的婕斯会员消费社区、管理端的婕斯交互跨境电商平台。

婕斯细胞优化系统是指婕斯平台围绕保持 DNA 健康、维持端粒长度、拥有一定数量干细胞、获得能量平衡四个方面来筛选和持续增加产品，关注每款产品的独特价值的同时，强化产品之间的协同互补功能。

婕斯会员消费社区是指婕斯营销采取会员制模式，婕斯在全球运营 11年，已经积累了几千万消费会员。婕斯通过独特的奖励制度，激励会员之间互相帮助、利他利己，通过开展全球、地区、社区等不同层面的线上线下交流活动，不断提高会员之间的交互友谊。

婕斯交互跨境电商平台是指婕斯构建的是六网合一的平台。六网指生产网、物流网、资金网、管理网、信息网、关系网六个网络，合一指六个网络的数据彼此打通，统一运营管理，这种工商一体化数据运营管理体系是很多网络平台公司无法做到的。婕斯的生产网，只在美国本部，按照美国 FDA 认证标准开展生产运营。婕斯的物流网，由美国运送到全球 34 个分公司，通过本部和分公司再运往 150 多个国家的客户所在地。婕斯的资金网，通过跟几家全球运营的信用卡公司合作，实现资金秒算周结。婕斯的管理网，婕斯的供产销都在网络上统一数据化运营，在销售方面，只能在婕斯官网上开展注册和购买，没有与任何第三方电商平台合作。婕斯的信息网，主要是指针对全球会员，婕斯为每位会员都建立了一个自动生成的独立网站，会员既可以通过自己的网站下单购物，又可以用来管理自己的全球会员网络。婕斯的关系网，婕斯的会员网站可以链接一些主要的社会媒体，帮助会员利用社交媒体开展推广，并为会员提供了实时更新的海量推广内容资讯。

老会员要系统研究婕斯产品结构。婕斯的老会员要全面了解婕斯的主要科学家，包括纽曼博士、蒋帕帕博士、威廉博士、德拉波博士，学习他们撰写的书籍，学习他们的视频资讯，以深入了解他们的主要科学技术成就，了解他们开发的主要产品。婕斯的老会员要全面了解婕斯的产品组合，包括基础营养、优化升级、体质调整、肌肤防护四大类干细胞抗衰老产品。

老会员要综合研究婕斯奖励制度。婕斯的奖金制度主要包括推荐奖、积分奖、管理奖、分红奖四大部分。简单来讲，推荐奖就是别人消费你赚钱，这是会员收入最少的部分。积分奖就是别人积分你赚钱，会员的积分按照无限上传和永不清零原则累计。管理奖就是别人赚钱你赚钱，这个是激励力度最大的，主要原因是这部分针对的是会员履行了传统营销体系中的渠道分销功能和终端零售功能。分红奖就是公司赚钱你赚钱，婕斯会提取全球销售额的一定比例作为分红奖金，每季度按照婕斯高聘阶会员在全球销售额中的占比自动分配。

2. 故事

在故事环节，老会员要会讲婕斯的事业故事，会讲婕斯的产品故事，会讲自己的婕斯消费故事。

老会员要会讲婕斯的事业故事。婕斯事业故事主要包括婕斯创始人家族创立婕斯的宗旨、婕斯的交互跨境电商平台、婕斯的会员激励制度。

老会员要会讲婕斯的产品故事。婕斯的产品故事主要包括细胞优化系统的健康价值，每款产品的技术原理、原料配伍、调理功能、使用方法，一些产品组合的使用逻辑和调理功效。

老会员要会讲自己的婕斯消费故事。大部分婕斯会员使用婕斯产品都是因为自己或家人的健康问题，通过试用婕斯产品，明显达到了修复健康、重返年轻的目标。在试用和长期使用过程中，对自己或家人生理优化和心理改善的惊喜和感恩，总有很多故事愿意与潜在用户或新老会员真诚交流。

3. 分享

在分享环节，老会员要展示出健康爱好者形象，要每天发朋友圈或其他自媒体，要面对面与潜在用户分享健康管理经验。

老会员要展示出健康爱好者形象。健康是当下我国大多数成年人都关心的话题，无论是老年人还是青年人。因此，健康是像天气一样大家都关心和喜欢谈论的话题。随着我国在 2020 年底之前全面解决了极端贫困问题，越来越多的人开始关心大健康，健康爱好者明显增多。婕斯属于大健康领域的未来前沿，并不为大多数人所熟知。为此，婕斯老会员需要把自己定位为健康爱好者，积极而系统地学习健康管理知识和技能，既包括基础的中西医健康管理知识和技能，也包括婕斯的细胞优化系统技术和产品知识。

老会员要每天发朋友圈或其他自媒体。自媒体时代，每个人都是 IP，我们发与不发，无论发什么，在社交圈里，我们都被贴上了标签，区别只是主动还是被动。婕斯拥有海量的资讯和知识可供老会员发布，这种情况下，老会员需要考虑的就是如何组织资讯、如何发布资讯，以及资讯发布节奏等运营细节问题。

老会员要面对面与潜在用户分享健康管理经验。无论信息链接如何发达，人与人面对面交流是无法被取代的，毕竟身体语言占据了人际交流70%的内容。老会员需要经常与新老朋友多见面交流，一方面可以通过深度交流，给亲朋好友更系统地介绍婕斯系统；另一方面可以通过见面，展示自己恢复健康、重返年轻的生理和心理状态，增加真实感和深化信任感。

4. 交融

在交融环节，老会员要积极邀请潜在用户加入婕斯产品分享群，要积极安排潜在用户与专家级老会员小范围交流，要积极邀请潜在用户参加婕斯会员社区活动。

老会员要积极邀请潜在用户加入婕斯产品分享群。微信的朋友圈功能是面向所有微友开放的，微信的群功能是面向 500 人以下的微友开放的。当下，越来越多的企业和个人，通过建立微信群，交流思想、讨论事情。微信群是非常便利的群体交流和学习的在线场所，大家可以即时交流，也可以延迟交流。很多婕斯老会员都会建立自己的婕斯微信群，分享婕斯事业模式、产品功能及会员故事。

老会员要积极安排潜在用户与专家级老会员小范围交流。老会员与潜在用户的面对面交流是深度交流的主要方式，有时候老会员需要邀请其他专家级老会员帮助自己，一起给潜在用户介绍婕斯模式和产品功能。这样，可以弥补老会员自身知识的不足，也能让潜在用户接触到更多老会员，了解更多婕斯故事。

老会员要积极邀请潜在用户参加婕斯会员社区活动。婕斯会员的社区活动很多，主题包括婕斯产品分享、婕斯模式分享，以及家庭亲子教育、职业事业发展等，老会员可以邀请潜在用户和新会员积极参加婕斯线上、线下社区活动，增进对婕斯的了解，也增进对婕斯会员群体工作、学习、生活的广泛认知，建立多重维度链接。

5. 购买

在购买环节，老会员要辅导新会员到婕斯官网注册，要辅导新会员选择适合自己的产品或产品组合，要辅导新会员跟进跨境电商物流直到收到订货。

老会员要辅导新会员到婕斯官网注册。大部分潜在用户注册会员及新会员初次购买，都需要老会员辅导。老会员要搜集婕斯官网注册指南和购买指南，也可以自己亲手修订注册指南和购买指南，并耐心辅导新会员完成注册和初次购买。老会员需要给潜在用户介绍清楚，跨境电商是有消费额度的，每个人年度消费额度为 26000 元，超过额度就有机会被定义为走私，所以不能找其他会员代购，新会员必须自己注册成为会员，在自己的跨境电商额度内消费。老会员还要给新会员介绍跨境电商特点，就是任何一个婕斯会员都可以在婕斯全球市场上购买婕斯产品，同时可以在全球发展新会员，类似于每个会员都是全球总代理。老会员还要给新会员介绍清楚，跨境电商还要支付国外消费税、跨国物流运输费用，产品价格只是消费成本的基础部分。

老会员要辅导新会员选择适合自己的产品或产品组合。大部分新会员对婕斯产品往往处于一知半解的认知状态，需要老会员给予辅导。老会员一方面要掌握婕斯细胞优化产品知识；另一方面要整理自己的婕斯故事并充分收集其他老会员的婕斯故事，不断丰富自己的"故事汇"，进而可以更好地辅导新会员选择适合的产品或产品组合。

老会员要辅导新会员跟进跨境电商物流直到收到产品。大部分新会员没有跨境电商购物经历，需要老会员给予辅导。这就需要老会员根据自己在购买过程中和物流公司建立的合作关系，以及收集其他老会员的物流公司关系，帮助新会员在适合的市场选购产品及与相应的物流公司对接，并指导新会员支付物流费用、关注物流动态直至收到产品。

6. 辅导

在辅导环节，老会员要辅导新会员正确使用婕斯产品，要提醒新会员认真体验好转反应，要鼓励新会员积极参与分享。

老会员要辅导新会员正确使用婕斯产品。大部分新会员都是初次接触基于药食同源自然哲学和基因干细胞生命科学生产的营养补充剂，有些新的使用方法需要老会员分享和辅导。老会员要主动帮助新会员掌握科学的产品使用方法，直到确认新会员已经按照正确的方式使用为止。

老会员要提醒新会员认真体验好转反应。不是经常用中药的新会员，对好转反应会感到一些恐惧，这就需要老会员及时提供分享和辅导。老会员要对新会员的好转反应有一个预判，并主动与新会员沟通，用前做好提醒。产品使用初期，需要短周期跟进，及时了解情况。基于自己积累的婕斯老会员的健康故事，找到类似的好转反应的发生时间、身体状态及持续周期，供新会员参考。

老会员要鼓励新会员积极参与分享。试用周期结束的新会员，往往感觉非常兴奋，会主动与亲友分享。但这个过程不能仅凭热情，还要掌握科学合理的分享方法，这就需要向老会员学习。老会员也要积极主动地对有分享欲望的新会员给予辅导。老会员要辅导新会员，讲好自己的婕斯故事，讲好婕斯模式，讲好婕斯产品，讲好婕斯社区文化。

（四）分享合伙人的激励

罗伯特·卡普兰在 1992 年出版的《平衡计分卡：化战略为行动》一书中，把战略绩效分为四类，分别是客户类绩效、财务类绩效、运营类绩效和学习成长类绩效。婕斯非常乐于也非常善于激励爱做分享的老会员，整体上是按照平衡计分卡的逻辑来开展多维度激励。

从客户类激励来看，婕斯为老会员提供推荐奖。当老会员通过分享，帮助婕斯招募了新会员，新会员购买第一套产品后，老会员会得到推荐奖，尽管不多，但这是对老会员付出的回报，毕竟婕斯分享不是简单的告知，而是帮助潜在用户塑造生命科学和药食同源的思维，帮助潜在用户构建获得健康和重返年轻的认知，帮助潜在用户点燃追求财富和实现自由的梦想。分享婕斯，是做点亮他人的事业。

从财务类激励来看，婕斯给老会员提供积分奖。婕斯会员消费产品或重购产品，都会得到积分，而且是团队成员之间互相贡献的积分。简单地讲，婕斯积分奖的获得是靠团队的消费，而不是靠个人的消费，会员之间彼此贡献人脉，同时彼此杠杆人脉，而不是单向的索取，不是单向的收割。按照婕斯的说法，这叫交互式网购，按照我国当下流行的说法，这叫共享消费经济。

从运营类激励来看，婕斯给老会员提供管理奖。婕斯会员在婕斯内部可以不断晋升聘阶，随着聘阶的升高，可以获得辅导新会员的奖金。我们前面介绍过，婕斯没有渠道分销商，也没有终端零售商，所有用户都是会员，但婕斯的产品需要营销管理，渠道营销功能和终端零售功能是被打散，重新融入各聘阶老会员的运营服务职能之中。遵照多级垂直营销管理理论并加以优化，是婕斯设立管理奖的根本原因和底层逻辑，而不是简单的消灭渠道分销商和消灭终端零售商的乌托邦式口号。

从学习成长类激励来看，婕斯给老会员提供分红奖励和游学奖励。婕斯会提取全球营收的一定比例，用于激励有一定资历的老会员，共同分享婕斯业绩增长带来的价值。这些资金激励，可以帮助老会员获得更加充裕的财务收益，可以更加踏实安心地分享婕斯事业，同时更加踏实安心地坚持持续学习，因为做婕斯事业不需要财务资本投资，但需要人力资本投资。做婕斯要持续学习，把自己变得更好，才能帮到更多人。为此，婕斯开设了婕斯大学和婕斯全球旅游活动。在婕斯大学里，老会员可以会见婕斯的创始人家族、婕斯的科学家，可以见到来自全球各地的婕斯会员，广交天下朋友，可以一起集体深度学习，从而深刻感悟婕斯倡导的健康、年轻、财富和自由文化。婕斯的旅游，不仅仅是游山玩水，更多的是会员之间的一种集中交流，更多的是彼此文明互鉴、研学赋能，形成婕斯会员社区的认同感和归属感。

三、婕斯创业合伙人管理

（一）消费投资走向创业化

从 20 世纪 80 年代开始，我国商业物资逐步放开。第一波做批发生意的，拿到货就赚钱。第二波做零售生意的，开了店就赚钱。从 2000 年开始，连锁超市业态在我国快速普及，从线下到线上，再从线上到线下，最后线上线下融合。零售商竞争日益激烈的同时，批发商的竞争力连年下降，逐步转向了仓储物流配送商。

2012 年开始，随着我国宏观经济增速下行，传统零售规模增长趋缓，房租和人工对线下实体店的经营压力大增，关店潮汹涌澎湃。到了 2016 年，随着互联网红利衰退，纯电商模式获客成本持续上涨。电商业态竞争日益激烈的同时，线下实体店竞争力连年下降，逐步沦为电商企业的线下体验店和社区仓储物流配送商。2016 年，社交新零售开始野蛮生长，以社交为纽带建立的深度联系让人们看到了获取流量简单而有效的途径。2019 年，社交新零售市场规模超过万亿。然而，大多数社交新零售依然走的是低价策略，传统品牌商不愿意参与，新进品牌商缺少专业研发团队，产品力不足，整体从业人员缺乏专业筛选和耐心培养，整个行业处于低水平拓荒式发展状态。

杰夫·贝索斯在 2020 年出版的《发明与流连忘返》一书中谈到，长期主义与短期主义的区别，是热忱与唯利是图的区别，评价一个人与一家公司，就是看他们到底是带着宗教热忱般的投入，还是像雇佣军那样以赚快钱为乐。婕斯就是这样奉行长期主义的企业，就像婕斯创业合伙人刘易斯倡导的那样，婕斯大家庭正在创造一个全球运动，结合志同道合的领导者，统一精神，并抱着为世界建立积极正面影响的共同使命。

对于创业合伙人来讲，选择平台至关重要。近些年，互联网企业都在打造平台，让我们看到的是一个复杂的生态系统，其投资和布局总给人眼花缭乱的感觉。其实，如果回到基础的产业价值链层面来看，一切就简单多了。美国的商业企业，一直是重资产投资模式。美国的零售连锁鼻祖、百年老店希尔斯，一直对上游供应商进行着非常强大的股权控制，就是要通过股权链接保证希尔斯销售产品的品牌品质。继之，沃尔玛帝国崛起，沃尔玛 60% 以上产品为私有品牌（Private Brand），剩下 40% 是与可口可乐、联合利华这样的世界级大品牌进行供零战略合作，通过自身的天上卫星系统、地下光纤系统，形成高水平的数据管理，并且与战略合作伙伴共享数据，保证销售产品的品牌品质，提高供应链和分销链一体化运营效率。到了亚马逊时代，大规模投资大数据、云计算以及基础科学，就是要在产业纵深方向形成竞争优势。这些企业，虽然规模庞大，但规模增长从不是首选战略路线，品质永远是品牌的基础和灵魂。

相对于追求快速规模扩张，两年之内就支撑不住的网络直销平台，婕斯走的也是美国商业企业的传统路线，即做实自己的管理平台，在科技供应端与科学家战略合作，获得独家生产和销售权利，从而保障需求端会员能够得到高品质的未来科技产品，形成口碑，进而推动消费社区的可持续发展。这种有诺奖级科学家和科技加持的供产销一体化全球运营平台对于会员的吸引力是巨大的，经过一两年的消费和分享，很多会员选择全职创业，全身心经营婕斯，就是看到了这个可长期合作的创业创新平台。

（二）创业合伙人的选择

婕斯的长期主义文化基因，决定了婕斯在运营前十年里，一年只新增上市一款新品。作为全球性的顶级跨境电商平台，推出新品非常慎重，同时选择合作的科学家也非常严谨。这种企业运营文化，决定了婕斯选择合伙人也非常挑剔，并为合伙人在婕斯的成长设计了合情合理合法的培养路径。

在婕斯会员培养过程中，无论进入婕斯之前是什么资历，加入婕斯都要从零做起，都要先后经历消费合伙人、分享合伙人、创业合伙人。做到钻石级创业合伙人，最快也要 3~4 年时间，婕斯是赚大钱的事业，但不是赚快钱的生意。即使做到了钻石级，年收入达到百万美元，婕斯依然没有放松对钻石以上级别创业合伙人的培养，就像杰夫·贝索斯在亚马逊公司内倡导的"Day One"文化，每天都要保持创业般的激情。婕斯的创业合伙人培养文化，就是把创业般的激情澎湃和道法自然的静水深流完美结合的典范。

（三）创业合伙人的培养

婕斯创业合伙人的培养，基本上需要经历定位、学习、运营、专家、分类、教练六个循序渐进的环节。

1. 定位

在定位环节，老会员要把分享婕斯定位为自己的事业，要深入挖掘自己的婕斯故事，要追求丰盛人生的价值体验。

老会员要把分享婕斯定位为自己的事业。分享是一种美德，赠人玫瑰，手有余香。从行为学角度来讲，分享是自发行为，创业是自觉行为。婕斯不仅是一个消费社区，更是一个创业社区。老会员分享婕斯，属于斜杠青年的自发行为。当老会员看明白了婕斯的事业模式，就会重新定位自己与婕斯的链接关系，把自己定位为一个职业化的创业者。这一点是最难做到的，本来我国市场化发展才 40 多年，职业经理人一直是稀缺资源，而脱离传统组织的惩罚性管控环境，在婕斯这种激励性平台上，能够自律自觉地经营婕斯事业的创业者，是一种稀缺资源。婕斯创业者因难能而可贵，好在婕斯的消费特点决定了婕斯不需要太多创业者，质量远远优先于数量。

老会员要深入挖掘自己的婕斯故事。作为分享者，老会员要遵照实事求是原则，客观真实地讲述自己的婕斯故事，这时的婕斯故事主要包括自己或亲友的身体健康问题、婕斯试用过程体验、婕斯带来的健康改善。作为创业者，老会员就要在健康维度之外，思考自身过去从事的事业经历，面向未来，把经营婕斯作为一个可长期从事的事业。所以要重新挖掘自己的初心，只有信念坚定的老会员，才有望成为卓越的创业者。毕竟，没有人能够随随便便成功。

老会员要追求丰盛人生的价值体验。根据二八原则，有 20% 的老会员会参悟到在学习方式、工作方式、生活方式等方面婕斯是自己的全面解决方案。经营婕斯，不仅仅是开创一个新的事业，更是要追求一个丰盛人生的价值体验，这才是经营婕斯的深层次意义。

2. 学习

在学习环节，老会员要积极参加团队培训，要积极参加会员社区沙龙活动，要持续全面地学习婕斯交互式跨境电商平台运营方法。

老会员要积极参加团队培训。有过传统职场经验的老会员都知道，从事任何行业，服务任何企业，都要接受大量的在职培训，才能成为该行业、该企业文化的坚定传承者和高效执行者。做婕斯也是一样的道理，区别仅仅是以自由职业者的身份参与其中。越是自由状态，越是要慎独，越是要自律。为此，老会员要积极参加婕斯公司组织的培训，以及婕斯高聘阶会员组织的培训，积极向公司学习，主动向优秀的、成功的老会员学习。用婕斯的话讲，就是"向上学、向下教"。

老会员要积极参加会员社区沙龙活动。婕斯的会员社区沙龙是婕斯老会员们自发而精心组织的消费社区活动。积极参与其中的老会员都是本着"利他"精神参与其中，这也是婕斯交互式消费模式的精髓，即通过制度性安排，激励老会员认同和执行利他活动。每个希望创业的老会员，都积极参与其中，成为优秀团队中的一员，在利他过程中学习知识和经验，学习做人做事的道理，进而升华自身能量维度。

老会员要持续全面地学习婕斯交互式跨境电商平台运营方法。经营婕斯事业，需要的不是资本资金的投入，需要的是老会员全身心地学习，持续地学习。做传统生意，要随着经营规模的扩大，不断增加资本资金投入，而做婕斯，随着团队规模的裂变、创业者收入的倍增，并不需要增加甚至不需要考虑资本资金投入，这是做婕斯和经营传统生意的根本区别。婕斯的事业模式是 21 世纪未来 50 年的主流分享经济模式，其理念、产品、运营、服务等方方面面的知识和方法，值得老会员长期学习，终身学习。

3. 运营

在运营环节，老会员要主动运营 OPP，要主动运营 NDO，要主动运营全球物流。

老会员要主动运营 OPP。无论传统行业还是新兴行业，组织招商会都是常规做法，婕斯也不例外。婕斯招商会简称 OPP（Opportunity 的缩写），又叫"事业说明会"。婕斯 OPP 特别强调价值观的认同，也就是寻找"婕斯人"。加入婕斯，不管是做消费合伙人还是分享合伙人、创业合伙人，都需要具有很强的认知能力和学习能力。对于决心创业的老会员，无论是组织 OPP，或是在 OPP 平台上做演讲介绍婕斯事业模式，老会员都要主动运营 OPP，这是对创业合伙人的基本要求。

老会员要主动运营 NDO。婕斯本身没有营销管理人员，只有平台服务团队。在婕斯各个聘阶之间，没有上下级隶属关系，只有共享积分链接关系，彼此虽有利益捆绑关系，但没有人身依附关系。这就是在彼此人格独立的基础上，建立新老会员之间传帮带机制，这种机制主要靠 NDO（New Dealer Orientation）。如果说 OPP 的目标是培养消费合伙人的平台，那么 NDO 就是培养分享合伙人特别是创业合伙人的平台。

老会员要主动运营全球物流。婕斯是一家全球化运营的平台，全球物流已经触达 150 多个国家，但婕斯的全球分公司只有 30 多家，包括我国大陆在内的大部分国家和地区都没有分公司，这就需要一些高阶会员主动承担起物流运营维护的职能，即主动帮助婕斯公司并和婕斯公司一起与物流公司、海关机构沟通交流，保障货物合法合规地畅通运营。

4. 专家

在专家环节，老会员要打造健康专家人设，要积极参与健康管理的社区分享，要帮助新会员解读新产品、新政策。

老会员要打造健康专家人设。婕斯是未来医学范畴，是大健康领域的前沿科技，作为创业合伙人，老会员需要把自身打造成健康管理专家。企业有企业的定位，婕斯的创业合伙人本质上承担了传统企业的渠道分销商、终端零售商的部分营销功能，所以必须参照企业专业化运营要求，把自身打造成健康管理专家人设。IP 时代，不是简单给自己贴个标签，而是需要保持空杯心态，扎扎实实地学习，需要真正形成对健康管理的良心善念、系统思考、全面认知、专业输出。

老会员要积极参与健康管理的社区分享。作为创业合伙人，自身就是营销平台，所以需要积极参与各种健康管理社区活动，并积极"拿话筒"，主动分享健康管理理念和方法论，主动分享婕斯事业模式和健康价值，主动分享婕斯产品功能和婕斯故事。

老会员要帮助新会员解读新产品、新政策。婕斯的全球会员运营管理主要是在婕斯交互式跨境电商平台上，婕斯的产品销售信息和促销信息都以官网上的实时发布更新为准。婕斯会员购买婕斯产品，参与婕斯促销活动，都是一个人机对话过程。对新会员来讲，需要充分理解活动开展的长远目的和政策出台的深层逻辑。为了帮助更多小团队内的会员，特别是新会员，需要老会员能够深刻解读婕斯新产品、新政策，帮助团队内的新会员甚至一些老会员更好地理解新产品，更好地利用促销政策。

5. 分类

在分类环节，老会员要坚持筛选消费合伙人，要积极培养分享合伙人，要认真复制创业合伙人。

老会员要坚持筛选消费合伙人。对于分享合伙人来讲，在分享婕斯的过程中，基本上是无差别地分享，遇到亲朋好友，都会主动分享，因为这是一种自发行为。但对于创业合伙人来讲，由于是全职经营，就需要按照市场经济的效率原则做事，追求自身价值的最大化，这就要求老会员有很高的潜在用户识别能力。通过与潜在用户沟通，判断对方的认知水平和学习能力，决定筛选哪些潜在用户，长期跟进直至发展成为婕斯会员。

老会员要积极培养分享合伙人。对于创业合伙人来讲，要积极关注自己招募的新会员，以及自己团队会员招募的新会员，善于发现具有较强学习能力和分享意愿的新会员。通过直接与这些新会员沟通，循序渐进地加以辅导，当有了成功的健康改善体验之后，即鼓励这类新会员积极开展分享。

老会员要认真复制创业合伙人。对于创业合伙人来讲，找消费合伙人和分享合伙人都不难，难的是找创业合伙人。一旦遇到了准备在婕斯平台上开展创业的老会员，就要积极加以辅导，按照婕斯十几年积累下来的运营模式和成功经验，循序渐进地复制创业合伙人。只有培养出更多创业合伙人，才能带动整个团队一起走向更大的成功。

6. 教练

在教练环节，老会员要分享理念辅导技能，要分享方法辅导技能，要分享运营实践技能。

老会员要分享理念辅导技能。婕斯事业模式是理念非常超前的模式，看似普通却内涵深刻，同样是老会员，理解和认知水平往往千差万别。为此，作为创业合伙人，老会员必须边学边分享，时刻不忘在理念层面与消费合伙人及分享合伙人展开交流对话，感知这些新老会员所处的理念认知层级，帮助他们循序渐进地提升理念认知维度。很多事情，做不到知行合一，往往不是执行力问题，而是在认知层面没有达到真知。一知半解的认知，有时还会起到副作用，不仅伤害本人，还影响团队氛围。

老会员要分享方法辅导技能。我们国家改革开放不到50年，很多老会员在职业生涯发展过程中，并没有掌握多少经营和管理的方法论。婕斯是自由职业者的共享社区，很多分享合伙人之所以没有走到创业合伙人的状态，主要是因为主动性不足，方法论欠缺。为此，作为创业合伙人，老员工要积极分享方法，分享教练技术，帮助新老会员掌握各种分享技能，以便在分享婕斯模式和发展新会员时事半功倍。

老会员要分享运营实践技能。动手能力差是我们在企业中感受最深的问题，这与我们国家的教育模式有关，也与我们国民素养提升阶段有关。为此，作为创业合伙人，老员工要积极分享运营实践技能，以保障培养出更多合格的创业合伙人。对于消费合伙人，需要按照认知、信任、试用、满意、忠诚、口碑六个循序渐进的培养步骤，从实操层面开展辅导。对于分享合伙人，同样需要按照研究、故事、分享、交融、购买、辅导六个循序渐进的培养步骤，从实操层面开展辅导。

（四）创业合伙人的激励

在实践中，我们总是感慨，优秀的人才总是在组织之外。全球化运营的婕斯也是一样，求贤若渴。婕斯非常珍惜创业合伙人，总是不遗余力地加以培养，同时给予积极的正向激励，具体包括财富倍增激励、运营参与激励、品行升维激励三个方面。

在财富倍增激励方面，担当分享合伙人的会员，获得的积分奖励除了可以抵消全家消费婕斯产品之外，还可以小有盈余，这就是当下我国社会上流行的"斜杠青年"所获得的收益。同时婕斯还是斜杠青年的潜在"备胎",当分享合伙人在分享过程中,强烈感受到帮助亲友获得健康、重返年轻的惊喜和成就感之后,就不再仅仅把婕斯看作一个消费和赚钱的工具,而是值得长期从事的事业。当婕斯会员从分享合伙人转型升级为创业合伙人,全身心经营婕斯事业,通过1~2年的奋斗,在婕斯会员体系中进入总裁行列,财富就会相应倍增到年收益百万级别,这是因为进入到总裁行列,就说明已经能够帮助到数量可观的新会员。再奋斗1~2年,做到钻石级总裁,就会有百万美元的年收益,初步实现财富自由。有了财富自由,婕斯创业合伙人就会有更多参与婕斯事业运营的机会,有更强的责任感及内驱力。

前面我们讨论过,婕斯的营销体系没设置渠道分销商、终端零售商,但并不代表在婕斯网络营销运营过程中,不需要这些中间商所承担的功能。所以,婕斯的创业合伙人,特别是钻石级以上的总裁,几乎都会加入到婕斯的全球运营服务体系的建设和运维中来,帮助公司协调所在国的物流运输、海关报关等各项事务。传统生意模式下,构架全球运营体系,需要企业在全球各地设立庞大的办事机构,而在婕斯,一部分由婕斯分公司承担,一部分由创业合伙人承担,充分体现共创共担的创业精神。

婕斯在培养创业合伙人过程中,始终坚守初心。婕斯创始人兰迪,从小极度贫穷,所以从他30多岁实现了财富自由之后,就一直把帮助贫困儿童作为自己的一个终生事业,这项事业也不断提升着创始人家族的社会责任感。婕斯每年都会组织"全球钻石之旅",婕斯组织钻石以上级别的创业合伙人,不是去豪华度假开会,而是到非洲去参与扶贫,去参与打井,去住在野兽出没之地,去感受生命的艰难,以此提升自己的生命能量维度。对于企业,要有利润之上的追求,对于个体,要有财富之上的追求。榜样的力量是无穷的,相较于用财富证明自己成功的富人,婕斯带领创业合伙人团队,时刻不忘践行全球责任感,传递正能量,用大爱来证明自己的成功。

第六节　小米营销合伙人管理实践

小米的营销合伙人管理实践,就是沿着社区消费、终端零售、渠道分销拓展路径,带领创业合伙人与营销合伙人一起,走出一条与传统营销路径相反的先难后易发展之路。

一、小米社区消费合伙人管理

（一）打造粉丝社区的理念

21 世纪是互联网时代，也是消费主权时代，互联网思维就是用户思维，口碑为王。谷歌就是深谙这个道理："一切以用户为中心，其他一切纷至沓来。" 2004 年，谷歌推出 Gmail 电子邮件时，就完全依赖于口碑。当时，谷歌只提供了几千个 Gmail 的试用账户，想要试用的人，必须有人邀请才行。这些数量有限的邀请码迅速在全球流行，被用来交换各种各样的东西，甚至在英国 eBay 上叫价高达 75 英镑，这就是谷歌创造的强大的口碑效应。

古往今来，口碑都是很重要的品牌传播渠道。在过去资讯不发达时代，口碑往往局限于在熟人之间传播，形式往往是一对一、一对几沟通，社会影响有限。互联网时代，信息从不对称转变为对称，传播速度暴增，影响范围扩大。互联网信息传播是去中心化的，主要通过社会化媒体，每个普通人都是信息节点，都有可能开展一对多沟通，快速成为意见领袖。

2008 年，雷军提出了互联网七字诀：专注、极致、口碑、快。其中，专注和极致是产品目标；快是行动准则；口碑是互联网思维的核心。创办小米初期，雷军对团队的要求只专注于一点：口碑。"口碑"是用户社区运营的核心所在，也是雷军希望让用户参与进来的终极目标。

（二）MIUI 线上社区的打造

小米的第一款产品不是小米手机，而是 MIUI 手机操作系统。小米以 MIUI 为入口级产品，打造了米粉社区。以操作系统作为用户的入口，小米这是首创，以用户作为操作系统开发的合伙人，小米也是首创。

2010 年 10 月，小米成立半年后，发布了第一版 MIUI，当时主要是在论坛里招募到了 100 个发烧友级试用粉丝。正是这最初的 100 个粉丝，成为了小米口碑传播最早的核心用户群体。

在做 MIUI 时，为了让用户参与到产品研发设计过程中来，小米设计了"橙色星期五"的互联网开发模式，核心是 MIUI 团队在论坛和发烧友互动，MIUI 操作系统每周更新。到 2011 年 8 月，小米手机发布时，MIUI 拥有了

50 万发烧友级试用粉丝。粉丝裂变速度惊人，展示了互联网强大的潜能，也为小米产品和品牌的传播积蓄了足够的初始势能。

小米通过 MIUI 论坛建立了庞大的互联网开发团队，团队核心是小米官方的 100 多个工程师，核心的边缘是论坛里经过人工审核过的有极强专业水准的 1000 个荣誉内测组成员，最活跃的用户是 10 万个对产品功能改进非常热衷的开发版用户，最外围的是发展至后来的千万级的 MIUI 稳定版用户。这些不同类型和级别的粉丝都以自己的方式积极地参加到 MIUI 的迭代完善和市场传播中来。

小米在迭代研发过程中，建立了梯级 MIUI 升级制度。更新最快的是荣誉内测组的内部测试版，每天升级一次，有最快的新功能尝试和 Bug 修正测试。其次是开发版，每周升级一次。最后是稳定版，通常 1～2 个月升级一次。

小米把每个星期五定义为"橙色星期五"，建立了固定的 MIUI 版本升级制度。每个星期五，小米用户就开始等待 MIUI 更新。这些发烧友很喜欢刷机，体验新系统，体验新功能。也许这个"橙色星期五"所发布的新功能就是他们亲自设计的，或者某一个被修改的 Bug 就是他们发现的。这让每一个深入参与其中的发烧友都非常兴奋。

小米还建立了 MIUI 功能设计决策制度。许多 MIUI 的功能设计，都是通过论坛交由发烧友讨论或投票来决定。到了 MIUI 发布的第四年，小米共收集了上亿个用户反馈帖，帖子打印出来的纸张可以绕地球一周。

黎万强在《参与感》一书中谈到"参与感三三法则"，论述过 MIUI 参与感的构建方法。首先是开放参与节点，小米除了工程代码编写部分，其他的产品需求、测试和发布，都开放给发烧友参与。这种开放，是企业和发烧友双方都获益的，小米根据发烧友意见不断迭代完善产品，发烧友也拿到了自己想要的功能和产品。其次是设计互动方式，小米是基于论坛来收集需求，固定的"橙色星期五"每周更新。最后是扩散口碑事件，有基于 MIUI 产品内部的鼓励分享机制，也有小米集中资源所做的口碑事件。小米给最早参与测试的 100 个发烧友拍了一部微电影《100 个梦想的赞助商》，他们是参与感的"放大器"。

截至 2014 年 6 月，MIUI 用户已超过 6000 万人。截至 2018 年 3 月，MIUI 论坛有超过 900 万月活跃用户，累计发帖 2.5 亿条。

（三）爆米花线下社区的打造

2011年9月，小米手机上市后，营销活动开始从线上走到线下。在上海和广州，小米相继主办了两次"爆米花"用户活动。在发烧友等核心用户的影响下，大量小米用户积极参与，热情爆棚。

不同于其他品牌的新品上市线下活动，小米手机的线下活动不用打品牌广告，不用做公司路演，不用做产品体验。因为这些环节，米粉在线上都已经经历过了。小米的爆米花活动，更像一个粉丝自己的大型集群网友见面会，是米粉自己展示自己、认识新朋友的舞台。这种活动内容安排，体现了参与感的精髓，相较于传统粉丝担当的观众角色，小米粉丝担当的是演员角色。

从2011年底开始，每年小米都会组织一次"爆米花年度盛典"。每次爆米花年度盛典，小米的创始人和创业合伙人团队及主管们都会到场，和米粉们聚在一起，拍照、玩游戏，还可以吃到专门为活动定制的香喷喷的爆米花。盛典现场会被布置成巨大的舞台，通过社区数百万米粉选出几十位在各个领域非常有代表性的资深米粉，为他们专门制作VCR，请他们走红地毯，去领取一份属于他们的"金米兔"奖杯。小米还制作了《爆米花》杂志，让米粉成为时尚封面的主角，参与感的顶点就是成为明星，这让米粉们感觉到这些优秀的米粉就和自己在一个真实的网络世界里，自己也可以有机会成为明星。

2012年4月6日，小米司庆的日子，在北京798艺术区举办了第一届米粉节。雷军在送给米粉的贺卡上写道："小米的哲学就是米粉的哲学。"在米粉节上，雷军公布了几大回馈活动：第六轮十万台公开购买；所有配件全场六折，让利3000万元；和电信推出电信合约机，带来极优惠的套餐。在这些狂热粉丝支持下，小米当日创造了6分多钟销售完10万部手机的纪录。小米的用户交互模式，解决了慢工出细活与互联网十倍速时代之间的内在矛盾和范式悖论。

雷军决定把小米一年一度的司庆定义为"米粉节"，通过各种活动回馈用户，与米粉同乐。米粉节践行了雷军创立小米的初心，既做一家让用户参与进来的公司。小米通过节庆活动，把米粉文化固定下来。这就是詹姆斯·科林斯和杰里·波拉斯在《基业长青》一书中谈到的，卓越的公司坚持着教派般的文化，培养利润之上的追求。

二、小米终端零售合伙人管理

（一）小米零售电商平台的打造

小米是先有大规模粉丝，后有手机产品上市销售，这些粉丝使小米商城不用做网站推广，自然而然成为小米的官方销售渠道。小米手机采取爆品策略，爆品最大的特点是自带流量，推动小米商城迅速积累了强大的品牌价值。小米手机每款都是爆品，通过小米手机给小米商城引流，而不是小米商城给小米手机引流，这颠覆了传统互联网产品营销的流量获取模式。

小米手机上市初期，参照了 MIUI "橙色星期五" 制度，建立了 "红色星期二" 制度。就是小米手机只在每周二中午 12 点做开放购买活动，从小米手机 1 代、2 代到 3 代，都坚持了这种限时销售策略，这是全天候在线的电商销售模式下的一大创举，俗称 "饥饿营销"。

"红色星期二" 专为刚上市 3 个月内的、供不应求的产品所设计。流程是用户先在线预约购买资格，预约的用户才有权限参与周二的抢购。每一次开放购买，当时间临近 12 点时，小米商城的流量陡然上升，数百万用户涌入抢购他们想要的小米产品。为与黄牛做斗争，预防机器人刷资格号，小米要求用户把手机号绑定认证后才能购买，这也让每次开放购买活动都成为话题，像水波一样不断扩大传播范围。

小米商城开放购买初期，用户喜欢发一条附带小米手机产品图片的微博，宣告他预约成功。一个单纯的限时预约活动，成了数百万用户参与的社会化媒体活动。后来小米在预约流程中，针对突出功能或颜色，帮助用户生产精美的分享图片，让大家在预约和购买阶段都可以发微博炫耀。

小米商城销售活动的微创新，实现了 "销售活动化" "活动产品化"，把销售当活动来设计和运营，把活动当产品来设计和运营，并且持续迭代，不断优化。这种模式，避免了传统电商购买、收集流量、计算 ROI 的痛苦，把流量导入做得更有体系、更可预知。

依靠粉丝的力量，小米商城快速崛起，发展成为全国乃至全球排名前几位的电商平台。不同于淘宝、天猫和京东电商平台，小米商城作为一个大型电商平台，只经营自营产品和小米生态链产品，这种经营模式是有着强大的供应链支撑的，小米这种工商一体的企业是重资产模式，区别于轻资产的纯粹电商平台。我们回顾美国大型零售企业发展历程，会发现从希尔斯、沃尔玛到亚马逊，都是重资产型工商一体化的企业，它们在经营合作品牌商产品时，很强调产品品质的把控，而不把自己仅作为一个销售平台。从上百年的商业零售发展历程来看，重资产模式有利于保证产品和服务品质，有利于培育会员社区。

（二）小米零售门店平台的打造

小米的零售门店从构建之初，即作为客户服务中心打造的，也因此起名为"小米之家"。

小米之家从 2011 年下半年开始建设，11 月底，在北京、上海、广州、深圳、南京、成都、武汉、珠海、郑州、长沙、无锡、东莞、济南、大连等地同时开门营业。此外，在贵阳、厦门、青岛、沈阳、石家庄、唐山、宁波、苏州还部署了小米之家服务站。到 2012 年 3 月底，在全国 30 个城市都建设和运营了小米之家。

小米之家是小米公司成立的客户服务中心，其功能定位是为广大"米粉"提供小米手机及其配件自提、小米手机的技术支持等服务，也是小米粉丝的交流场所。

小米营销的核心是粉丝。小米商城是粉丝交易的平台，简化了传统电商平台承担的展示、引流、推广、促销等功能。小米之家是粉丝活动的平台，同样简化了传统零售店面的展示、引流、推广、促销等功能。小米商城与小米之家这组线上线下实体，在小米粉丝文化的支撑下，形成了简洁高效的 O2O（Online to Offline）闭环场景，是新零售时代的成功实践。

三、小米渠道分销合伙人管理

（一）渠道分销商的选择

小米在成立初期，主要通过自营电商平台小米商城和自营门店平台小米之家独家销售小米系列产品。在做强做大小米商城和小米之家后，小米开始关注利用电信运营商、第三方电商平台以及线下分销渠道。线下分销渠道主要包括专卖店、授权店、省包 KA 等多种社会渠道组合。通过经营合作模式，增加销售渠道覆盖，以便链接更多场景下的客户资源，扩大销售规模和品牌影响力。

（二）渠道分销商的管理

2015 年开始，小米将营销渠道扩展到渠道分销网络。

小米在与各类渠道分销商合作过程中，尽量避免传统渠道营销模式下的过度博弈问题。小米与各类渠道分销商合作，框架协议中基本上不会约定强制性销售目标。小米改变传统的销售目标管理为销售预期管理，也就是改变传统的博弈思维为协同思维。小米会定期与渠道分销商沟通销售预期，但若未达到销售预期，分销商不会受到惩罚。作为对等合作责任，小米也不给分销商提供安全库存，这样彼此合作就没有太大压力。这种合作模式，保证了渠道分销商不会随意降价销售和串货冲量。小米对渠道分销商的"无欲则刚"，根基还是小米自营的小米商城和小米之家的强大销售能力，主动权始终掌握在自己手中。

至此，小米走出了一条与传统渠道营销相反的发展路径。传统的渠道营销路径是依次发展渠道分销、终端零售、社区消费，小米的渠道营销路径是依次发展社区消费、终端零售、渠道分销。小米在友商还未过多投入到消费社区建设之际，便率先完成了与消费社区的链接，通过高强度、高黏性的粉丝社区打造，反过来构建终端零售平台，适时扩展到渠道分销网络。小米的渠道营销实践，既成功占领了尚处于空白的社区消费这一蓝海环节，又避免了与早已处于红海的终端零售商和渠道分销商之间的博弈，这是在成熟的电子消费领域另辟蹊径，运用"反者，道之动也"辩证哲学的成功典范。

第七节　北大纵横营销合伙人管理实践

北大纵横的营销合伙人管理实践，走过了一条管理咨询平台构建与运营的战略营销发展路径，即围绕服务企业变革与成长，依次开展渠道营销、产品营销和社区营销。

一、渠道营销合伙人管理实践

（一）企业管理咨询需求走向规模化

2001 年底，我国加入 WTO，我国企业开始进入全面发展的快车道，企业对管理咨询的需求开始不断增加。到 2003 年"非典"之后，伴随着我国高校商学院的持续增多，更多 MBA 毕业生不断进入社会，咨询公司开始大量涌现，管理咨询行业进入"跑马圈地"快速发展期，也即由利基市场逐步迈进主流市场。

在历史发展机遇面前，北大纵横的创业合伙人团队决定继续坚守公司既定的事业使命和发展愿景，积极招募更多新的业务合伙人加入公司，以广开客户渠道，快速占领全国管理咨询市场。

（二）渠道营销合伙人的区域市场拓展

2001 年，管理咨询从提供 SWOT 分析之类的方法工具，转到为客户提供整体管理解决方案，也就是系统化思考基础上的全面管理咨询服务。

2003 年，借助"非典"事件，北大纵横的咨询业务也从以北京为主，迅速扩展到全国市场。正如英国前首相温斯顿·丘吉尔说过的，"永远不要浪费一场危机"。开发全国市场，首要问题就是要对市场进行区域划分，北大纵横之前主要是按照事业部来划分区域市场的。

2004 年，北大纵横推行业务合伙人制，业务合伙人最大的权力就是从公司拿到信息（也有自己获得的少部分信息），拥有自行谈单、自行签单及运作项目的权力和责任。

每个事业部提供的咨询产品和咨询服务都是近似同质化的，从规模经济与范围经济理论来讲，就是提供大规模标准化产品和服务。当无差异化的产品供给遇到爆发出来的大规模市场需求时，北大纵横决定加速市场开发。为了激励全体业务合伙人，取消了此前规定的市场区域划分政策，改为注册备案制，以客户信息备案作为信息所有权的依据，将市场全面无差别地开放给全体业务合伙人。

（三）渠道营销合伙人的激励

在实践过程中，由于激励重点在项目奖金上，就很好地驱动了所有合伙人，无论是创业合伙人，还是新加入的业务合伙人，都把自己打造成为营销合伙人，注意力集中在拓展和服务客户上。道理再简单不过，只有服务好客户，才能有项目回款，只有项目回款，才能有项目奖金分配。

新的业务合伙人经营模式，帮助公司高效地打开了全国市场。2003～2006年，北大纵横业务合伙人数量迅猛增长，奔波在全国各个主要城市和客户企业，甚至国外市场。快速的业务规模增长，加上公司对质量的严格把控、公司业务合伙人数量的增加和个人财务回报的增长之间的有效协同，驱动北大纵横迅速成长为全国知名的管理咨询品牌。

2006年，公司"知识型员工管理体系"荣获"首届中国管理学院奖"，公司荣获"全球华裔咨询行业领袖企业"称号、"中国品牌建设十佳咨询公司"称号、"中国十大管理咨询商"称号。

二、产品营销合伙人管理实践

（一）企业管理咨询需求走向专业化

到了2006年，我国大部分大中型企业都经历了第一轮管理咨询的洗礼，企业与咨询公司完成了第一轮亲密接触。北大纵横是幸运的，在2006年之前的几年里，因为及时调整了业务合伙人激励机制，赶上了这波市场红利。

到了2006年，一大批MBA毕业生进入了企业的中高层管理团队，"扫盲性"的管理咨询战略窗口期结束，取而代之的是更加专业化的管理咨询需求周期的开启。

（二）培育"专业"价值观

2006年，北大纵横年度活力营会议上，王璞抛出了价值观探讨的话题，给大家耐心讲解"专长"这个词与过去公司业务合伙人给企业提供的系统化的管理咨询之间的悖论和差别，鼓励大家围绕"专业化"展开深度思考和筹划变革行动。理由很简单，因为未来客户会更加愿意与有专长的咨询顾问合作。经过长时间的讨论，终于将"专长"收入了公司价值观，并列排在了过去一直倡导和践行的"诚信、合作、敬业、创新"四项价值观之后。

知易行难。价值观的改变落实在纸面上、墙面上、口头上都很容易，落实到思想上、行动上、习惯上就异常艰难了。因为业务合伙人习惯于所有咨询业务都做，所有培训需求都接，累并快乐地实践着公司的"敬业"价值观。

2006年，年中活力营会议上，公司进一步要求业务合伙人进行专业选择，非自己专业方向的业务不能签单，如果跨专业签单，在财务上将受到一定的扣罚。这种政策动议，遭到了许多业务合伙人，特别是业绩好的业务合伙人的强烈反对。面对业务合伙人的反对，公司没有选择强行出台政策。王璞本着公司的"合作"价值观，与业务合伙人分别进行深入交流和反复探讨，鼓励业务合伙人走专业化路线，同时加强公司专业化的数据库建设、方法论提炼，给愿意率先走专业化路线的业务合伙人赋能，用王璞的话讲就是"放权、让利、给名、施爱"。

形势比人强。不断有合伙人反映，在与客户沟通过程中，明显感觉客户的理论水平和实践能力在飞快增长，没有过硬的专业化管理能力真搞不定客户。这就是客户驱动价值的魅力所在。

2007年的活力营年会上，经过反复沟通，业务合伙人在价值观上终于达成了较为一致的共识，尽管心理上还保有一些困顿。所有业务合伙人都开始选择自己的专业方向，并于当年在原来专业选择的基础上组建了各职能咨询中心，开始推行跨领域签单的限制机制。同时，为配合"专长"这一价值观落地的还有其他一系列激励举措，如按收入的1%划拨研发经费。

（三）在职能领域走专业化路线

北大纵横的业务合伙人认同了"专业"价值观之后，纷纷确立了各自的专业领域，很快就在组织上迅速落地。公司先后成立了战略咨询中心、组织人力咨询中心、集团管控咨询中心、企业文化咨询中心、市场营销咨询中心等十几个职能中心。后来各职能中心被更名为事业部。新的集中化的职能咨询事业部取代了原来分散的业务合伙人运作模式，权力开始走向集中。

组织的成立，使北大纵横的价值观开始真正发挥作用，这个作用正是战略实施的基础，大家接纳并执行相关制度的心理契约。这次变革，使大家真切地感受到了文化的力量，也感慨文化转变过程中"拐大弯"的实践价值。

变革后的职能中心，开始在人才会聚、团队建设、产品研发、市场推广、客户开拓、项目运作等各方面开展深入的工作。一个崭新的业务局面就这样到来了。

北大纵横内部的成功变革，带来外部客户和社会的认可。2007年，公司荣获"中国十大管理咨询商"、"商战名家排行榜中国十佳培训机构"、"中华十佳管理星级企业"、"中国培训行业品牌机构联盟会长单位"、中国管理大奖"优秀管理咨询公司"等称号。2008年，公司荣获"中国培训行业品牌机构"、"中国企业走出去"国家贡献奖、"中国咨询业十大领导品牌"、"中国管理咨询业标志性品牌"等荣誉。

三、社区营销合伙人管理实践

（一）客户管理咨询需求走向产业化

社会经济的发展总是呈现一波一波的周期性特征，推动着企业管理实践螺旋式地提升。始于2007年的全球金融危机，到2009年时，逐步波及我国。我国经济高歌猛进的势头受到全球化深度影响，这种影响反过来又深度影响我国企业的组织行为。大型企业开始产业聚焦，同时加强集团管控，中小企业开始主动深入参与到大型企业的价值链构建和优化进程中，同时加强核心竞争力建设。

从管理咨询需求来看，如果说过去是企业在精益管理上，通过管理咨询公司补管理短板，现在就是要从产业经营上发展长板。这时候对咨询公司的要求就形成了更高层次的需求，咨询顾问既要懂管理，又要懂产业。对北大纵横的咨询顾问来讲，两者相比，是否有产业经验就显得尤为重要了。

（二）合伙人团队在行业社区中寻求存在价值

对咨询公司来讲，一直以来行之有效的单点突破式的、走专业化路线的产品营销模式遇到了新的挑战，过去只要搞定一个公司某个部门的决策人即可签单，现在却要跟整个公司的决策团队进行沟通，甚至需要沟通到集团公司层面，受到客户上级单位的影响。同时，管理咨询市场竞争越发激烈，开发新客户难度大大增加，守住老客户的压力也越来越大。

2008 年，北京奥运会之后，金融危机的影响波及我国的实体企业的同时，也波及我国的管理咨询公司。北大纵横的一些职能运营中心开始出现亏损，在应对危机的过程中，北大纵横先后开展了一系列变革。

首先，自上而下削减费用，王璞率先辞去总裁职位，并且明确北大纵横将永久性地取消总裁这个岗位，原总裁职权由八位管理委员会主任承担。委员会主任依然没有岗位工资。王璞依然是公司的领军人物，虽然没有了总裁职务，但这丝毫不影响他持续推动公司变革与成长，因为他以前也不怎么依靠行政权力做事，他喜欢沟通，大面积沟通、长周期沟通、平等性沟通，这在管理上通常被认为是领导力的具体体现形式。此后，王璞每次给客户讲领导力课程，都要自我表白一下自己是"三无四不"领导人，"三无"指无司机、无秘书、无办公室，"四不"指不控股、不进董事会、不称总裁、不签字。

其次，实现全员合伙。咨询顾问由过去的高固定、低提成，变革为低固定、高提成。这种合伙人模式，就是最大化地感受市场的压力，最大化地承担服务客户的职责，最大化地激发价值输出的使命。

最后，再次进行公司服务客户的组织架构变革。由过去的以职能中心为组织划分的主线，变革为以行业中心为组织划分的主线。这种变革，是公司再次主动适应整个社会各行各业客户需求的发展趋势。这种划分，驱动合伙人两条腿走路，先要成为管理专家，俗称"专家"，然后要成为行业专家，俗称"行家"。想要成为管理专家，在北大纵横内部容易实现，因为公司有多年管理理论和方法论的积累，以及案例文献资料可供钻研和学习。想要成为行家，最有效的方式就是长期在一类行业里做咨询顾问，长期浸泡在行业社区当中，开展社区营销。只有成为行家，才能与客户同频共振，同时适度超脱于实践，反而更容易做到适度超前引领。

2009 年，公司荣获"十佳培训与服务机构"、共青团中央"青年就业创业见习基地"、"建设创新型国家杰出企业"、"本土最具合作价值智业机构"、"中国十大品牌咨询机构"、"中国百家创新示范企业"、"中华管理星级企业"等称号。2010 年，公司荣获"中国企业影响力十大（行业）品牌""最具信赖投融资服务机构""2010 年优秀中小企业服务机构"称号，王璞当选为"中国上市公司最具影响力独立董事"。2011 年，公司荣获"中国最具市场价值的管理咨询机构""2011 年度优秀中小企业服务机构"称号，王璞荣获"中国 MBA 教育 20 周年终身成就奖"。2012 年，公司荣获"2012 年度最具幸福感咨询公司"，王璞被聘为"中国商业联合会专家委员""中国职业经理人协会副会长"。2013 年，公司荣获"幸福管理持续改进优秀团队""中关村高成长企业 TOP100"，王璞当选为中国策划专家指导委员会主任委员。2014 年，公司荣获"中国最佳公益教育培训机构"，王璞荣获"中国十大公益教育家"。

第四章

生态合伙人管理

第一节　生态合伙人管理理念

生态合伙人管理理念就是逐步构建和运营企业生态平台，围绕企业生态平台的有效构建和运营提供组织和人力服务，强化合伙信任关系，持续创新产业生态，不断推动企业成长。

生态合伙人管理首先是生态管理，其次才是合伙人管理。生态合伙人管理，首先要与成熟阶段定位相配称，提供组织和人力资源服务，其次要与创新职能相配称，打造与不同生态管理阶段相适应的生态合伙人团队。

从企业生态链构建视角，为有效进行生态管理，我们可以把生态管理周期再细分为寄生期、互生期、再生期，与这三个阶段相配称的生态合伙人管理模式分别是创客经营模式、创利经营模式、创新经营模式，与这三种经营模式相配称的生态合伙人管理模式分别是创客合伙人管理模式、创利合伙人管理模式、创新合伙人管理模式。

为此，有必要将企业生命周期管理、企业生态链管理、生态合伙人管理融合凝聚，开展系统思考和深度研究。

在寄生期，企业负责架构和运营创客孵化平台，在企业内部和外部选拔优秀的创客合伙人团队，为创客合伙人团队提供创业资本支持，更重要的是为创客合伙人团队提供创业规划和运营服务，帮助创客合伙人团队选择一个主要面向未来主流市场需求的事业领域，定义一个当下可以服务现有利基市场需求的产品和服务组合，动态评估创客合伙人团队的创业进程，规范创客合伙人团队的创客文化，帮助创客合伙人团队提供满足甚至超越客户需求的产品和服务。

在互生期，企业负责架构和运营价值链服务平台，创利合伙人团队在企业价值链服务平台上，逐步构建和完善自身的价值链体系和运营管理体系，努力打造自身品牌资产和营销合伙人团队及营销网络，满足主流市场的规模需求。同时，着手开展独立融资直至上市，逐步从亏损状态转变为盈利状态，从依赖企业服务平台转型为可以独立运营发展，从依赖企业投资升级为向企业提供持续的利润回报。

在再生期，企业的价值链服务平台的价值增长放缓甚至停滞，创新合伙人团队的产品和服务拥有面向未来长期主流市场需求的事业前景。企业开始全力支持创新合伙人团队打造新的生态链服务平台，服务他们自己的创客合伙人团队，推动创新产品和服务进入新一轮高速增长期。新的生态链平台既可以覆盖企业原有生态链平台，也可以形成双平台甚至多平台协同聚能的生态价值网络（见图4-1）。

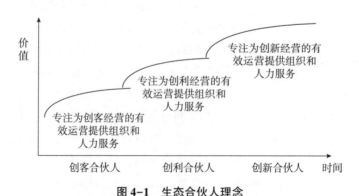

图4-1 生态合伙人理念

注：生态合伙人管理理念就是逐步构建和运营企业生态平台，围绕企业生态平台的有效构建和运营提供组织和人力服务，强化合伙信任关系，持续创新产业生态，不断推动企业成长。

第二节　生态合伙人管理方法论

生态合伙人管理方法论就是遵循外部有效性和内部一致性原则，构建企业生态平台运营管理体系与生态合伙人管理体系，系统推进企业均衡成长。

成功的生态合伙人管理体系的建立、运营和维护依赖有效的创新文化建设。创新文化主要体现在创客经营、创利经营、创新经营三项经营元素。

在创客经营阶段，企业为生态合伙人提供成熟的生态孵化平台服务，打造创新文化。在创利经营阶段，生态合伙人团队的产品和服务与企业生态平台的成熟产品和服务互相加持，为企业带来盈利性增长。在创新经营阶段，企业支持生态合伙人团队创新打造自己的生态链平台。

一、创客合伙人管理

在创客经营阶段，企业既要为创客合伙人团队提供创业资本支持，又要提供创业规划和运营服务。

企业孵化创客合伙人团队与投资公司投资创业团队有本质区别，企业更关注创客合伙人团队的打造和成长，也更关注创客合伙人团队所从事的事业领域与企业生态体系的产业兼容性与自身成长性。企业积极帮助创客合伙人团队建设，一方面可以综合运用内部调配和外部招聘等多种方式帮助增加创客合伙人团队成员，另一方面可以通过企业自身的产业地位和品牌优势帮助创客合伙人团队轻松获取供应端资源支持、需求端资源合作以及管理端资源帮助。

在企业的创客孵化平台上，创客合伙人团队在资本融资方面和资源获取方面压力大大减少，这样就可以集中主要资源和能力在价值创造的核心环节，全心全意为客户研发和提供超越期望的产品和服务，从而更大概率地在产业社会中逐步站稳脚跟，拥有一席之地，平顺度过寄生期，也即创客合伙人团队自身的创业期。

二、创利合伙人管理

在创利经营阶段，企业既要为创利合伙人团队提供价值链平台服务，又要支持创利合伙人团队独立运营发展。

企业架构和运营价值链服务平台，一方面可以为创利合伙人团队提供端到端的供应链运营服务；另一方面也给创利合伙人团队提供参考，促进他们在学习企业运营管理模式的基础上，逐步创建和优化自身的价值链体系和运营管理体系。

在企业的资本背书和产业背书双重支持下，创利合伙人团队在创建和优化自身价值链体系和运营管理体系过程中，打造自身品牌资产和营销合伙人团队及营销网络，可以单独对外开展几轮融资，直至上市融资，这样既可以实现资本层面的独立运营，又可以实现产业层面的独立运营，平顺度过互生期，也即创利合伙人团队自身的成长期。

三、创新合伙人管理

在创新经营阶段，企业既要支持创新合伙人团队不断完善价值链发展壮大，又要适时帮助创新合伙人团队构建自己的生态链。

企业自身的生态链总有增长放缓甚至停滞的时候，在居安思危、未雨绸缪思维的引领下，企业要主动选择和辅导创新合伙人团队，规划面向未来长期主流市场需求的事业前景，规划新的生态链平台。企业作为创新合伙人团队的重要股东，自然会以自身在生态链平台构建方面的经验和资源，全力支持创新合伙人团队构建和运营新的生态链平台。

创新合伙人团队既没有受到企业的束缚，又得到了企业的升级版支持，在效仿企业生态链构建经验基础上，创新自己的生态链模式和打造路径，推行自己独特的平台战略。新的平台既可以对企业原有平台进行覆盖，也可以推行双平台并行甚至多平台齐行的生态战略。随着新的生态链平台的独立运营发展，企业平顺度过了再生期，进入创新合伙人团队自身的成熟期，也即生态期（见图4-2）。

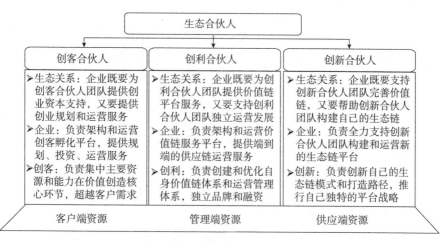

图 4-2　生态合伙人管理方法

注：生态合伙人管理方法就是遵循外部有效性和内部一致性原则，构建企业生态平台运营管理
体系与生态合伙人管理体系，系统推进企业均衡成长。

第三节　温氏集团生态合伙人管理实践

温氏集团的生态合伙人管理实践，就是围绕大农业食品产业链，持续
升级生产经营、渠道营销、物资供给、管理平台四大体系，全方位构建温
氏集团企业生态价值链系统。

一、温氏集团农业生产经营体系构建

（一）建设农业生产经营体系的未来价值

"公司+农户"模式是我国当前主要农业产业组织形式。我国从 2000 年
开始，不断培育国家级、省级、市级、县级农业产业化重点龙头企业，就
是希望农业龙头企业承担起生产引领和服务职能，践行"以家庭联产承包
为基础，统分结合的双层经营体制"，带领广大农民追求发家致富的朴素
理想。

我国在过去几十年推行"公司+农户"实践中，仍有一系列问题需要解决。公司方面，我国农业龙头企业普遍缺乏核心技术的科研开发和产业化应用能力，缺乏食品营销和农业产业化组织管理能力，结果就是对农民生产经营的带动力、服务力不强。农民方面，每家每户拥有的土地、资金资源有限，从事农业生产经营普遍不如外出打工收益多，结果就是农民对从事农业、投资农业的积极性不高。

2012年我国中央一号文件首次提出培养职业农民，主要指培养开展适度规模经营的种养大户、家庭农场主。在实践中，培养新农人，需要农民不断提高科技素质、职业技能和经营能力，更需要农业龙头企业为合作农民提供更好的产品、服务及全面解决方案。

（二）温氏集团"公司+农场"模式的兴起

1986年，温氏集团开始推行"场户合作、代购代销"经营模式。1989年，温氏集团开始推行"公司+农户"模式。与温氏集团合作的养殖户基本都是夫妻档，养鸡规模大约在每批5000只，年均收入1万~2万元。发展到2009年，合作养殖户养殖规模为每批7500只左右，户均年收入3万多元。

2010年，温氏集团制定了"倍增计划"，即通过五年努力，将合作养鸡户的平均饲养规模提升到每批15000只，养鸡户的平均年度养殖效益提升到6万多元。饲养规模和效益的倍增，需要改变传统的饲养模式。温氏集团通过吸引进城打工的农村青年回乡创业，帮助他们贷款更新自动化、智能化养殖设施，降低养殖劳动时间和强度，提高养殖效率和效益，规模化培养新型职业农民。

2014年，温氏集团上市肉鸡8.48亿只、肉猪1013万头、肉鸭1472万只，营收352亿元，盈利10亿元，养鸡规模全球第一，养猪规模全球第二。温氏集团合作农户和家庭农场5.46万户，全体农户和家庭农场户均获利6.92万元。到了2017年，温氏集团合作农户和家庭农场5.54万户，户均获利14.3万元，其中家庭农场每年可户均获利30万元。

随着国家环保政策和土地政策趋严，大量传统小微型养殖户不得不退出养殖行业，温氏集团的合作养殖户数量也跟着逐年下降。随着温氏集团发力培育家庭农场，合作的家庭农场数量逐年增加，有效弥补了规模缺口。2020年9月，习近平主席在75届联合国大会一般性辩论上，提到要采取更加有力的政策和措施，二氧化碳排放力争于2030年前达到峰值，努力争取

2060 年前实现碳中和。这要求我国农业环保水平和能力还要大幅提升，温氏集团在养殖环保领域正好做了提前布局和投入，这也是温氏集团事业模式得以长期有效的理念根基和科技根基。

（三）温氏集团"公司+养殖小区"模式的升级

2018 年，新兴县重点打造簕竹镇为现代农牧小镇，由村党组织与温氏集团党委结对共建，通过温氏集团出资、村社出地，建立了 12 个现代化养殖小区。从与养殖户双方合作，升级为村集体加入的三方合作。打造"公司+养殖小区"模式，是"公司+家庭农场"模式的迭代更新。

目前，很多地方政府主动跟温氏集团探讨发展"公司+养殖小区"模式，由公司、社会资本或政府多方出资，按温氏集团模式建设标准化、高效化养殖小区。建成后，合作农户承包养殖小区内的养殖单元，与温氏集团合作开创养殖事业。

这样，温氏集团就成功打造了三种层层递进、可持续升级的养殖模式。根据全国各地实际情况，适度超前地选择运营"公司+农户""公司+家庭农场""公司+养殖小区"三种模式或组合，与多元利益主体协同，构建新型农业生产经营体系，为未来乡村振兴贡献当下力量。

二、温氏集团食品渠道营销体系构建

（一）建设食品渠道营销体系的未来价值

现代农业科技给我国带来了粮食增产、农民增收，也带来了养殖污染、粮食安全等严峻问题。农业食品经营主体复杂、产业链过长、风险点太多，迫切需要构建"从田间到餐桌"可追溯的农业食品安全保障体系。

我国农业食品安全监管越来越严格，但落实的主体是农民，实践的抓手是农业龙头企业。温氏集团这样的大农业食品产业链的管理者，也理应是农业食品安全链的守护者。农业食品安全是一项艰巨的民族事业，农业龙头企业必须要有利润之上的追求。为此，我们真心希望我国的农业龙头企业早日做强做优做大，像温氏集团这样的龙头企业越来越多。

（二）温氏集团零售食品经营模式的探索

2004 年，广东温氏集团佳味食品公司成立，投入巨资在华南、华东地区设立研发中心和屠宰加工厂。温氏集团食品工厂的生产线设置 77 道严格的产品安全工艺管控流程，通过 QS、ISO、HACCP 认证。温氏集团佳味研发出土肴鸡、凤香凰、好味鸡、骨香土鸡、土香鸡五大系列，涵盖整鸡、乳鸽、分割品、副产品、汤品、休闲品六大板块。为真功夫、众美联、西贝、九道鸡、紫燕百味鸡、山林熟食、佬街佬味、小南国、卤江南、大家乐等餐饮和休闲食品品牌商提供肉禽食材。在产业链延伸进程中，先做 B2B 业务、后做 B2C 业务，先借船出海、后造船出海，是非常务实合理的业务发展路线。

2011 年 11 月，由温氏集团承办的第二届中国优质鸡（土鸡）美食文化节嘉年华在香港荃湾沙咀道游乐场举行。2012 年 9 月，温氏集团原生态体验之旅启动，为城市消费者提供畜禽产品的原生态体验，倡导健康、自然、注重安全和品质的生态畜禽肉类食品。2013 年 8 月，温氏集团在新兴御和园开展了为期 4 天的 "2013 温氏集团乌骨鸡惠民大行动"。为推广生态农产品，温氏集团开始从生产幕后走向消费台前，开展一系列食品文化节庆。温氏集团的目标是打造中国鲜活食品第一品牌，基础是世界一流农牧生产企业。

2013 年 12 月，温氏集团和新希望六和签署合作协议，共同开发上海冷鲜禽市场。新希望六和旗下上海六和勤强，是首批上海市推荐冷鲜禽进驻标准化菜场企业之一，当时在上海有 103 家冷鲜禽销售网点。温氏集团旗下的浙江湖州南浔食品公司，是首个与温氏集团区域养殖公司配套的食品加工厂，专门生产热鲜或冷鲜家禽。根据合作协议，温氏集团南浔公司负责冷鲜禽食品的生产，上海六和勤强负责产品销售、物流配送。竞合时代，产业生态多元，借船出海是有效的区域性、阶段性发展策略。

2014 年，广东省首次评选十大名牌系列农产品，温氏集团旗下温氏集团新兴矮脚黄鸡、华农温氏集团猪配套系 1 号肉猪和温氏集团天露白羽番鸭分别荣获 "广东名鸡" "广东名猪" 和 "广东名鸭" 称号，得到政府和社会的认可，对于温氏集团食品推广起到了事半功倍的效果。到 2014 年，温氏集团在广东省内挂牌的猪肉特约经销点超过 300 个，温氏集团已经与上海、广州、番禺、深圳、珠海、佛山、东莞等多个城市签订现代畜禽产品定点产销合作协议、生猪供应协议，成为城市放心肉供应基地。农产品分销零售是各地政府最关心的民生工程，温氏集团在传统的通过运销户分销的产地批发模式基础上，通过与各地政府、批发市场和零售网点合作，转型升级为城市市场的消地批发、消地零售模式，进一步拉近了与消费者的距离。

2017 年，温氏集团股份出栏肉鸡 7.76 亿羽，约占全国肉鸡总产量的 1/5。庞大的养殖生产规模，需要温氏集团升级渠道营销模式，构建渠道营销服务体系。在全国各地政府的支持下，温氏集团开始在全国设立鲜品批零中心，在消地市场布局扎根，同时在各地建设区域性家禽屠宰场，提高供产销协同效率，保证产品高品质供应。

2018 年，温氏集团规划构建"全环节提升、全链条增值、全产业融合"的现代农业产业体系，打造高品质农业品牌，从战略层面进一步坚定营销重心向食品消费终端推进。

2019 年，温氏集团鲜猪肉直供盒马鲜生，打造鲜宰、鲜配、鲜味"三鲜"卖点，即当天到场的生猪当天宰杀、分割完毕；当天屠宰的猪肉，在出厂后的 5 小时内通过 0℃~4℃ 的冷链配送到店；生猪新鲜屠宰，猪肉及时上架，带给消费者鲜肉的自然美味。

温氏集团围绕终端营销需求，完善屠宰加工冷链物流配套供应链，打造鲜品、熟品两条业务线。构建全国消地批发网点，扩展食品企业和餐饮企业客户，与各大电商平台、食材供应链平台合作，持续扩大 B2B 渠道营销网络广度和深度，为客户提供可追溯的安全食品，给客户的终端营销提供要素品牌支撑。

（三）温氏集团生鲜合伙人模式的启动

2005 年，全国发生大规模禽流感，温氏集团的鸡场无一例感染。这时，温氏集团已经有了自己的食品加工厂，凭借食品安全管控能力，温氏集团一举开拓了香港冰鲜鸡市场。2009 年 3 月，温氏集团旗下佳润公司在香港土瓜湾开设了第一家猪肉专卖店，开始探索食品零售经营模式。2015 年 11 月，温氏集团在深圳开设了第一家生鲜门店。

2016 年，温氏集团借用自己成熟的"公司+农户"商业模式，对自营生鲜门店进行模式复制，开始"温氏集团生鲜加盟计划"，到 2016 年底发展了将近 50 家加盟店，2017 年开始在华南区域全面招商，2020 年开始在全国全面招商。

温氏集团生鲜门店销售的所有产品均为温氏集团统一配货（包括温氏集团乳品等），门店统一设计风格、统一设备设施、统一运营宣传、统一物料包装，加盟店则主要"出地方、出人、出装修店面设备费用、卖货"。温氏集团通过终端营销合伙人模式，进一步走进了城市社区，走近了消费者。

三、温氏集团物资供给体系的构建

（一）建设物资供给体系的未来价值

畜牧养殖物资供应主要包括生命科学类供应物、环境保护类供应物、智能硬件类供应物。无论哪类供应物，要想真正提高畜牧养殖效能和环保安全规范，都要投入巨额资本开展研发，投入大量精力开展产业化应用。

目前，我国农业机械化水平在逐年提高，但智能化水平的提高却非一日之功，这也是很多农业龙头企业不愿或无力投入农业供应物研发和产业化应用的主要原因。但要想高质量发展农业，又无法绕过这道坎。目前，像温氏集团这样全面开展供应物研发的企业少之又少。正所谓，前进路上并不拥挤，因为坚持下来的太少。但从国家高质量发展战略层面看，农业龙头企业又必须投资于物资供给，区别是主动还是被动、早投入还是晚投入。

2020年，在百年未有之大变局的机遇与挑战面前，我国提出以内循环为主的国内国际双循环战略，做好内循环，就是要做好高质量发展，跨越中等收入陷阱。加强供给侧结构性改革，投资科技研发和产业化应用，具有现实需要和未来价值。

（二）生命科学研发体系的持续构建

温氏集团从1992年开始与华南农业大学合作，2006年开始与中山大学、中国农业大学等高校合作。在2010年开始升级"公司+家庭农场"模式后，继续加大与高校及科研院所的多领域合作。

2010年11月，温氏集团院士专家农业企业工作站在温氏集团研究院揭牌成立。2011年5月，温氏集团与华南农业大学签约，双方决定在大农业食品领域开展全面合作。2011年，由华中农业大学牵头发起的"生猪健康养殖协同创新中心"，温氏集团是协同企业。"生猪健康养殖协同创新中心"主要包括猪品种培育与繁殖、猪病防控、猪营养与饲料、养猪设施设备、猪场废弃物无害化处理与资源化利用五大创新平台，涵盖生猪养殖全过程，平台分别由熊远著院士、陈焕春院士、李德发院士、罗锡文院士、沈其荣教授担任主任。2012年3月，温氏集团与中山大学生命科学院继2006年共建动物防疫平台以来，在猪、鸡性别控制与如何有效区分产蛋鸡和非产蛋鸡等技术难题上继续加强产学研合作。2013年4月，国家科技部批准温氏集团联合华南农业大学申报建设的"国家生猪种业工程技术研究中心"成立。2013年7月，国家农业部科教司验收批准温氏集团"农业部动物营养与饲料学重点实验室"成立。

2013年，位于广东省恩平县的国家生猪种业工程技术研究中心研发基地沙湖原种猪场，培育出我国首例采用全基因组选择技术评估并选留的1头杜洛克特级种公猪。2014年，温氏集团南方家禽育种公司与华南农业大学共同精心培育的"天露黄鸡配套系"和"天露黑鸡配套系"顺利通过国家畜禽遗传资源委员会审定，成为国家畜禽新品种配套系，至此，温氏集团通过国家审定的家禽品种配套系达6个。温氏集团南方家禽育种公司拥有2000万套父母代种鸡的年产能，每年向市场供应约1400万套父母代种鸡，几乎涵盖国内主流肉鸡品种及类型。同时还根据不同地区市场需要，培育合适的特色品种。

2017年，温氏集团中央研究院项目获批立项，中央研究院的核心研发方向定位为畜禽生物育种、生物安全与疾病防控、饲料营养、食品安全及养殖环保技术等。温氏集团建立自己的中央研究院，标志着温氏集团研发体系的集成完善，开始打造国际一流的科研技术平台。

2018年，温氏集团与南京农业大学在肉食品加工领域开展全面深入合作，促进肉食品加工技术成果转化。2018年，温氏集团与国家肉品质量安全控制工程技术研究中心合作共建"温氏集团食品研发中心"产学研创新平台，在畜禽农产品屠宰与深加工、冷藏保鲜技术、速冻锁鲜及解冻还原技术、食品生产工艺的标准化技术与体系化管理、食品味型研究和调味料研发等多个技术领域进行深度合作。2018年9月，温氏集团肇庆大华农生物药品公司检测中心获CNAS实验室认可，检测能力与国际接轨。这些研发投入，标志着温氏集团科研技术投资开始从养殖生产环节向食品加工环节扩展升级。

温氏集团在生命科学领域经过一系列的布局和投资，逐步形成育种、营养、疾病、食品安全及养殖环保等农业食品全产业链五大核心技术领域高端研究平台全覆盖的良好格局。从1992年开始，温氏集团累计获得国家授权专利184项，其中发明专利77项；荣获国家科技进步二等奖4项、广东省科学技术特等奖1项、广东省科学技术一等奖9项。温氏集团在科研创新方面，始于产学研合作，直至打造了自身研发内循环体系、与科研院所合作的外循环体系，推动温氏集团以双循环模式在行业关键技术领域持续保持规模投资和领先优势。

（三）环境保护研发体系的构建

在2010年开始升级"公司+家庭农场"模式后，温氏集团的科研开发就不再仅聚焦在养殖三大生命科学技术领域，更要考虑养殖规模化带来的生态环保责任问题。

2011年12月，由广东省农业厅、环保厅联合召开的"全省农村环境综合整治暨畜禽生态健康养殖示范现场会"在新兴县召开，这是温氏集团养殖环保治理工作走在行业前列的体现。养殖排泄物一直为环保机构所诟病，这也是一些沿江沿河地区严禁开展养殖经营的主要原因，温氏集团的养殖排泄物无害化处理技能，为温氏集团在全国布局养殖产业奠定了坚实的基础。

到2012年2月，温氏集团推出"共成种鸡场立式发酵环保处理系统"项目，在种鸡厂建设一座3层高、占地面积不到100平方米的立式发酵塔。固体鸡粪进仓后，将逐步自动通过调料、接种、搅拌、提升、液压出料、皮带输送六大环节变成散粉状有机肥半成品，最后从出仓口顺滑到定点区域。整个过程采用了现代生物技术和自动化发酵工艺，对鸡粪进行快速发酵、脱臭干燥、无公害化处理，出仓的"散粉"的总养分达4.54%，有机质达33.9%，完全符合生物有机肥国家标准，可用作有机肥半成品或加工成有机肥销售，实现变废为宝。

2005年，为提高养殖废弃物资源化利用，温氏集团成立了润田肥业公司。2008年，润田肥业通过ISO9001认证，润田"农家绿"系列有机肥产品包括适合果树、蔬菜、水稻及桉树等植物生长的农家绿系列的精制有机肥、生物有机肥、有机·无机复混肥、复合微生物肥等系列肥料。2013年，润田肥业已建成年生产各种肥料15万吨的生产线六条及三个现代化生产基地。

2013 年，为促进温氏集团肥料在各养殖区域就近利用，温氏集团和华南农业大学的园艺学院合作，参照"公司+农户"模式发展蔬菜业务。园艺学院教授亲自下到田间地头，教农民种菜。经过科学的田间管理，青瓜的亩产平均达到 7000 多斤，而同类产品的社会平均水平为亩产 3000 多斤，合作农民得到了先进技术给他们带来的巨大收益。本来是为承担环保责任而做的技术性投资，却又顺势进入了种植领域，继续扩大温氏集团有限相关多元化产业的范围和规模。

2019 年 1 月，2018 年度国家科学技术奖励大会上，温氏集团"畜禽粪便污染监测核算和减排增效关键技术研究与应用"项目成果荣获国家科学技术进步奖二等奖，标志着温氏集团在新的环保生物科技领域达到了国内领先水平。

（四）智能硬件研发体系的构建

2008 年，温氏集团成立华南畜牧设备公司，目前是国内同行业中规模最大、品种最齐全、技术力量最雄厚的畜牧设备供应商。农业机械化是农业现代化的重要衡量指标。随着温氏集团养殖规模的持续扩大，自研养殖智能硬件被纳入温氏集团研发体系，为温氏集团发展"公司+家庭农场"模式准备了智能硬件基础。

2012 年 3 月，由中国科学院广州能源研究所主持、温氏集团研究院参与完成的"有机固体废弃物循环利用成套技术与装备及工程应用"项目荣获国家科技进步二等奖，温氏集团的环保型智能硬件技术得到了国家级科研机构的认可。

2011 年 2 月，温氏集团信息中心牵头成立云浮市物联网研究院。到了2012 年 2 月，温氏集团推动物联网新技术应用，积极提高养户饲养管理的自动化水平，实现养户鸡舍帐幕、送料机、喂料机等机械的自动化控制，进一步降低养户劳动强度，提高饲养效率，切实使合作养户通过应用物联网新技术，实现由传统养殖向智慧养殖的现代化家庭农场转变。随着我国4G 网络开始大规模商用，农业现代化开始从机械化向自动化转型，温氏集团恰逢其时地引领了农业物联网应用的潮流。

2013 年，国家版权局对温氏集团提交的《智能养殖中心服务器 API 软件 V1.0.0》等六项计算机软件著作权授予著作权登记证书，其中五项是温氏集团原始取得的物联网智能养殖系统软件，标志着温氏集团在物联网领域的软件技术水平进入国内领先行列。

2020年1月，温氏集团水台楼房式猪场暨肉猪供港基地项目在广东省新兴县水台镇举行奠基仪式，该项目的奠基标志着温氏集团第四代猪场正式落地。温氏集团从1997年开始发展养猪业，20多年来，养猪业始终以技术创新为主导。温氏集团猪场建设经历了3个发展阶段，从传统模式到大线模式，再到高效猪场模式，直至现今的第四代楼房养猪猪场模式。此次楼房养猪项目既顺应了国家《关于稳定生猪生产促进转型升级的意见》的政策，也推进了温氏集团养猪业高质量增长的进程。楼房养猪具备土地利用节约、环保处理高效、养殖自动化程度高等优势，对节能减排、减少土地资源浪费、促进养殖业转型升级具有指导意义。

温氏集团农牧设备业务整合全球畜牧设备资源，提供适合国内本土化的小区化、工厂化猪场建设设备及解决方案。温氏集团养殖设备包括养殖栏架、禽类养殖设备、养殖场易耗品、自动清粪系统、自动喂料系统、自动环境控制系统、智能化母猪饲养管理系统等系列产品。温氏集团养殖解决方案服务包括提供养殖场规划设计、土建工程、设备制造与采购、物联网环境控制、环保处理、养殖服务等EPC工程。

四、温氏集团管理平台体系的构建

（一）建设组织与人力资源管理体系的未来价值

根据"战略决定组织，组织追随战略"管理原则，企业在创业期、成长期、成熟期需要分别采取职能制、矩阵制、平台制管理模式。

我们观察到，我国很多企业都是通过自身实践，逐步摸索出适合自身发展的战略规划和组织运营模式。其实，从管理学理论来讲，组织管理模式是有章可循、有法可依的。创业期的使命主要是把事业做成，适合采取快速决策的职能制组织运营模式。成长期的使命主要是把事业做大，适合采取具有张力的矩阵制组织运营模式。成熟期的使命是把事业做久，适合采取具有可持续服务能力的平台制组织运营模式。

在人力资源方面，从人才的选用育留各个环节来看，能否培养优秀的文化，能否做好文化传承，是吸引人、用好人、留住人的关键所在。从实践来看，近些年，城市间在抢夺人才，企业间在争夺人才，人才的价值日益得到认可，人才兴企的文化氛围已经在我国蔚然成风，但距达到"人尽其才、才尽其用"的理想状态仍然任重道远。

（二）温氏集团组织的持续优化

1. 矩阵制组织架构构建

温氏集团在成长期，为了高效运营和保障养殖安全，构建了矩阵制组织管理体系。集团主要负责公司战略管理、干部任命、投资决策、产业链利益分配政策制定、财务管理。二级公司是各区域的管理机构，下设财务部、生产部、采购部等职能部门，负责下属二级半公司的集中采购、生产技术、财务管理等。二级半公司为主要的生产经营单位，下设孵化厂、饲料厂、财务部、销售部、养户服务部等三级单位和经营管理单元。这一组织架构是温氏集团在长期发展过程中逐步总结出来的，既保证了集团的集中管控，充分发挥集团的规模效应和资源整合功能，又能够充分调动分、子公司积极性，保证二级半公司对市场的快速响应，这一组织架构为温氏集团快速发展奠定了良好的组织基础。

2. 平台制组织架构构建

2018年，温氏集团董事长温鹏程主持推动温氏集团组织架构变革。原有的四级组织架构变更为五级，集团总部为一级单位，各事业部为二级单位，现二级单位变为三级单位，现二级半单位变为四级单位，现三级单位变为五级单位。

职能划分方面，集团总部负责制定发展战略方向和目标，从宏观层面对企业发展方向进行统筹协调。事业部负责制定与组织实施生产经营目标。温鹏程将集团资源平台化，目的就是适应公司进入成熟期的需求，由以前的集团驱动变革为事业部驱动，继续追求更加快速、稳健的前进。

温氏集团在经营放权的同时，在财务管理上开始加强集团管控。2018年12月，温氏集团成立财务公司，注册资本10亿元。温氏集团财务公司将履行"集团资金归集平台、集团资金结算平台、集团资金监控平台、集团金融服务平台"四大功能，为各事业部发展降低融资成本，提供综合金融服务支持。

3. 一体化信息支撑平台运营

1994年，温氏集团就实现了内部联网，开始了企业信息化管理，这不仅在同行中，甚至在全国来说都是领先的。到 21 世纪初，逐步建立了温氏集团互联网站、邮件系统、内部办公系统、销售信息管理系统、原材料采购系统、生产数据收集与分析系统等。温氏集团在信息科技应用领域一直走在社会发展的前沿。

2005 年，温氏集团引进了金蝶的 EAS 系统，在温氏集团的财务、销售、生产、工程管理等环节发挥了重要作用。

2011 年，温氏集团成立了物联网研究院，推动公司生产经营及管理变革。通过物联网应用，温氏集团家庭农场主坐在办公室就能完成喂料、清粪等工作，利用一部手机就能随时随地掌握猪舍情况，同时，温氏集团也能"零时差"地掌握生产经营数据。

2015 年，温氏集团启动"互联网+"系统工程。2017 年，温氏集团成立"互联网+"工作领导小组，开展全集团的"互联网+农业"顶层设计。2017 年 10 月，温氏集团与华为在云服务、农业云解决方案等方面签署深度合作协议。2018 年 8 月，温氏集团与网易云战略合作，共同挖掘大数据价值，将"互联网+"技术赋能给温氏集团生态链企业。2018 年 12 月，温氏集团与金蝶合作，为温氏集团打造养殖云、销售云、采购云、供应链云和财务云提供技术保障。2019 年 1 月，温氏集团与金蝶合资成立欣农互联科技公司，双方共同瞄准万亿农牧市场，充分利用各自资源优势，搭建农牧行业数字化产业互联平台，在养殖、供应链等领域展开深入研究，深度融合云计算、大数据、物联网、区块链、人工智能等技术。欣农公司将以温氏集团为标杆，向农牧行业输出整体解决方案。通过数字化平台整合全行业，激活产业链上下游，惠及千千万万家农户。以数字化技术助力农牧行业，提升行业企业、养殖户的经营管理效率。

温氏集团物联网信息化管理平台，不仅涉及温氏集团八大业务体系，200 多家分公司的人、财、物管理，同时还集成了与温氏集团合作的 5 万多农户的所有资料信息。另外，温氏集团大部分业务单据的数据录入也是经过该平台来进行。以养猪为例，只要输入农户编号，该农户的存栏规模、猪场所在地、合作时间、生产数据等一系列合作养户相关信息便可一一呈现。

（三）温氏集团人力资源管理体系构建

温氏集团在创业初期就提出了"精诚合作，齐创美好生活"的企业文化，蕴含着"共同富"理念。1986年，温北英制订了办场宗旨——"造福员工、造福社会、科技兴场"。

1993年，温北英总结簕竹鸡场办场以来的员工创业的温氏集团精神，即"精诚合作，各尽所能，齐创美好生活。用科学，办实事，争进步，求效益。文明礼貌，胸怀广阔，磊落光明。同呼吸，共命运"。

2004年，温氏集团提出干部"三个要"：要保持勤劳务实的优良作风，要有管理大企业的能力，要有干一番事业的思想境界。

2015年5月，温氏集团学院成立，定位为温氏集团二级单位，与温氏集团人力资源部合署办公，有关业务开展由人力资源部承办，目标为打造"黄埔军校"式人才培养基地。温氏集团学院是一个培训学习和思想交流的平台。通过传承温氏集团企业文化，让学员深入了解温氏集团的成长历程，更好地传承温氏集团人勤劳务实的实干作风，提高企业干部员工的综合素质和能力水平。

温氏集团学院规划将外聘社会上优秀的教师以及让温氏集团中经验丰富的高管和干部担任导师，对集团干部员工进行分类培训。除了干部员工培训之外，与温氏集团合作家庭农场主等人员也会得到相应培训。

到2020年，温氏集团已有员工3万多人，其中大专以上学历的知识分子4800多人，硕士260多人，博士40多人，外聘教授级专家30多人。

（四）资本经营体系的构建

1. 利用社会资本支持"公司+家庭农场"模式构建

温氏集团不仅是利用合伙人资本的典范，更是利用社会资本的典范。从1986年开始的"公司+农户"模式，是温氏集团利用社会资本的开始。从2010年开始的"公司+家庭农场"模式，使温氏集团改变了单纯依靠养殖户投资的传统做法，因为构建家庭农场是重资产模式，为不给尚待培育的家庭农场主以投资压力，转而利用社会资本帮助家庭农场主融通资金。随着温氏集团品牌价值的逐年提升，社会资本迫切需要通过温氏集团这样的龙头企业，支持中小养殖户发展。在这个资本管道职能背后，是温氏集团面对资本风险的自有品牌背书。这种背书能力，是温氏集团刚开始创业和刚开始做"公司+农户"模式时所无法想象的。

2009年4月，温氏集团牵头发起组建新兴县合源小额贷款公司，这是广东省第一批试点的小额贷款公司。温氏集团充分发挥小贷公司机制灵活、操作简便、服务高效的优势，帮助家庭农场主解决规模化投资问题。

2011 年，温氏集团为加快推进"公司+家庭农场"模式落地，投资 5000 万元研发经费，提供 3 亿元无息垫资额度作为年度"倍增计划"基金，无偿支持合作农户向家庭农场主升级，提升养殖自动化程度，扩大批次养殖规模。

2. 利用社会资本支持温氏集团多元化经营体系构建

2009 年 11 月，温氏集团与中国农业银行云浮市分行签约 19 亿元银企全面合作，成功注册发行 16 亿元短期融资券。资本助力下，温氏集团围绕大农业食品领域不断扩张，加速打造相关多元化业务体系。在奶牛养殖、肉食品加工、动物保健品及生物制品研发等其他相关行业布局和投资。

2011 年 3 月，温氏集团旗下大华农公司在深圳创业板上市，是云浮市第一家登陆资本市场的企业。大华农的上市，为温氏集团加速发展动物保健品事业开辟了社会资本融通渠道。

2011 年 6 月，温氏集团投资公司成立。温氏集团开始尝试产融结合，给产业链投资加上资本助推器。

2012 年 2 月，温氏集团入股珠海市农村信用合作联社，温氏集团以战略投资者身份投资 4.5 亿元参股珠海市农村信用合作联社，开始参与农业金融事业。

2013 年 1 月，温氏集团旗下筠诚投资公司成立，以地产开发及配套、设备制造、股权投资、有机肥生产为主营业务。这是温氏集团在优势养殖主业之外，开辟新的资本平台支持新的产业投资。

2013 年 4 月，温氏集团、筠诚与中国银行广东省分行签署战略合作暨 4 亿元并购贷款协议。借助银行的大规模资本，帮助筠诚通过股权收购和新设方式直接和间接控股多家公司，温氏集团在传统自投自建的发展模式之外，开始尝试资本投资模式，快速完成新业务的产业链布局。

2013 年底，温氏集团在"第十三届中国股权投资年度论坛"上荣获"2013 年中国私募股权投资机构 50 强（本土）""2013 年度中国快消品领域投资机构 10 强"和"2013 年度中国新农业领域投资机构 10 强"等荣誉称号。得益于温氏集团在产业经营领域的深厚基础，与传统投资公司相比，温氏集团在股权投资领域的成功概率更高。

3. 集成内部合伙人资本和外部投资人资本

2013 年，温氏集团工会解除与 6789 名员工股东的委托代持关系，将股权无偿还原至各股东实际持有。

2015 年 4 月，温氏集团整体上市。温氏集团家族为温氏集团实际控制人，温氏集团董事长温鹏程、副董事长温志芬、副总裁温小琼等家族成员持有温氏集团股份约 5.0787 亿股，占总股本 15.92%，身家约 83 亿元。温氏集团总裁严居然、董事严居能两兄弟及其家族成员合计持有约 2.36 亿股，身家约 39 亿元。温鹏程、严居然等 45 名自然人拥有温氏集团 49.68% 的股权，43 位股东预计将拥有 1.7 亿~17.1 亿元的个人财富。

2015 年底，温氏集团在创业板总市值超过 2000 亿元，成为创业板市值巨无霸，为社会投资人带来新的财富标的。以资本为纽带，温氏集团集成内部合伙人资本和外部投资人资本，打造共赢格局。

4. 在增量资本中开展股权激励

2018 年 4 月，温氏集团公告《关于向公司首期限制性股票激励计划激励对象授予限制性股票的议案》，具备本计划激励对象资格的人员共计 2455 人，这是温氏集团首次发行限制性股权激励。

第一个解锁期要求：2018 年度商品肉猪销售头数较 2017 年度商品肉猪销售头数的增长率不低于 12%；2018 年度净资产收益率比 2018 年度同行业对标上市公司加权平均净资产收益率高于三个百分点。第二个解锁期要求：2019 年度营业总收入比 2017 年度营业总收入增长不低于 10%；2019 年度净资产收益率比 2019 年度同行业对标上市公司加权平均净资产收益率高于三个百分点。第三个解锁期要求：2020 年度营业总收入比 2017 年度营业总收入增长不低于 20%；2020 年度净资产收益率比 2020 年度同行业对标上市公司加权平均净资产收益率高于三个百分点。

2019 年 5 月，温氏集团发布公告，2018 年温氏集团商品肉猪销售 2230 万头，同比 2017 年增长 17.1%，超过 12% 的增长目标；2018 年温氏集团加权平均净资产收益率 12.7%，比对标同行高 13.39%，超过 3% 的对比目标。2020 年 5 月，温氏集团发布公告，2019 年温氏集团年度营业总收入 731 亿元，同比 2017 年增长 31.4%，超过 10% 的增长目标；2019 年温氏集团加权平均净资产收益率 35.9%，比对标同行高 29.5%，超过 3% 的对比目标。

从三个解锁期条件来看，温氏集团依然追求合理利润基础上的快速增长。这一方面来源于我国庞大的市场规模，另一方面来源于温氏集团的先进科技和事业模式。从两个解锁期考核结果来看，温氏集团团队均取得了远高于目标的业绩，成功解锁兑现股权激励。

（五）社会责任体系的构建

1. 北英慈善基金会

1996 年，温氏集团成立北英慈善基金会，开展扶贫助困、奖教奖学等公益慈善活动，延续践行温北英先生"共同富"的大同理想。

到 2016 年，基金会成立 20 周年，累计发放奖励和扶助金达 1200 多万元，奖励和扶助师生 4900 多人次，超过 3000 个家庭受惠于基金会的资助，产生了良好的社会效应和积极的正面影响。

2. 温氏集团产业扶贫实践

温氏集团作为一家全国运营的实业企业，积极参与国家号召的扶贫事业。温氏集团根据全国各地贫困地区产业和社会基础，依托"公司+农户"优势，采取多种"定制式"精准扶贫模式，推广扶贫合伙经营理念，践行"共同富"理想。

2016 年以来，温氏集团在"十三五"时期累计投入精准扶贫资金达6.6 亿元，开展产业脱贫项目近 3000 个，帮助近 10 万名建档立卡贫困人口实现产业脱贫。

3. 温氏集团社会责任管理

2019 年 11 月，在第二届北京责任展暨《企业社会责任蓝皮书（2019）》发布会上，温氏集团入选 2019 年民营企业 100 强社会责任发展指数第六位，公司社会责任发展指数达到四星级水平。温氏集团在展会上发布首部精准扶贫白皮书。

随着温氏集团的生产经营平台、渠道营销平台、物资供给平台、企业管理平台四大平台的成功构建，打造百年老店是温氏集团对内部合伙人和外部合伙人的基础社会责任。在成功参与国家精准扶贫事业基础上，温氏集团又将转型升级为国家社会治理和变革的积极参与者。

第四节　梯田云生态合伙人管理实践

梯田云的生态合伙人管理实践，就是梯田云在完成电商产业扶贫事业的规划、投资及运营基础上，着手打造"互联网+元阳"平台，为发展元阳县区域生态经济探索一条乡村振兴之路。

一、梯田云打造"互联网+元阳"平台

（一）构建元阳电商产业园和物流中心

有了电商产业运营体系，又深化了政企农新型合作关系，2017年，元阳县委县政府借助国家商务部县域电商试点政策，快速建设并开始运营元阳电子商务产业园和物流中心，全力推进信息化、数据化、数字化工作，加快公共数据采集与开发，促进跨部门、跨层级数据汇聚与共享。

在推动"互联网+元阳"电商产业发展的同时，利用梯田云电商运营网络反向为政府数字化治理提供数据采集、录入、整理、分析等综合服务。

截至2018年底，元阳电子商务产业园入驻企业17家，销售额达2372万元，总产值达3680万元，企业缴纳税收160万元，带动就业139人，帮扶贫困户8406户，其中，电商扶贫帮扶4650户。截至2018年底，元阳县农村光纤到户覆盖138个村委会（社区），城市家庭、农村家庭宽带覆盖率均达100%。

（二）系统打造元阳农业生态品牌

2018年，梯田云委托粮食公司收购红稻、加工红米，通过"元阳商城"电商网络，实现电商订单178090单，销售额763万元，销售红米27.84万斤，精准帮扶2650户贫困户，带动16836户种植梯田红米9万亩，其中建档立卡户9546户。

梯田云助力元阳梯田红米特优区入选云南第一批特色农产品优势区名单。梯田红米的大规模种植，助力元阳哈尼梯田遗产区被国家生态环境部命名为第二批"绿水青山就是金山银山"实践创新基地。元阳电商产业园被云南省科技厅授予省级创业园和省级众创空间。元阳"电商+梯田红米"精准扶贫模式入选全国电商扶贫典型案例。

（三）延伸打造"电商产业+"生态经济

2015年11月27日，习近平总书记在中央扶贫开发工作会议上谈到，"要通过改革创新，让贫困地区的土地、劳动力、资产、自然风光等要素活起来，让资源变资产、资金变股金、农民变股东，让绿水青山变金山银山，带动贫困人口增收。"

2019年，元阳县委县政府加速推进政企农模式，把更多贫困户嵌入产业链，实现电商产业扶贫，并以此为契机筑巢引凤，广泛开展"邀老乡、回故乡、建家乡"活动，引导支持更多元阳在外成功人士返乡创业，扶持更多种养大户、家庭农场、新型农业合作组织。

以电商产业扶贫平台为基石，元阳县委县政府稳步加快有机和绿色农产品认证面积，建设哈尼梯田绿色食品园，开发红米黄酒、红米护肤用品、红米养生系列产品。建设哈尼小镇，开发元阳特色饮食菜系、特色民宿、特色旅游商品、特色体验项目。建设哈尼文化产业园，按市场化、标准化、常态化模式运营"开秧门"、梯田摄影双年展、哈尼梯田丰收节、"哈尼古歌"演艺节目等系列节庆活动，打造文化创意和梯田旅游融合发展模式。

元阳县委县政府以可持续发展理念，稳步推动田园综合体、美丽乡村、数字农村建设，把生态资源创造性转化为生态经济，构建元阳县"大电商+大产业+大文化+大健康+大生态"的扶贫致富、乡村振兴模式。

2019年12月18日，云南省红河州政府发布贫困县退出公示，元阳县与红河县、绿春县、金平苗族瑶族傣族自治县、屏边苗族自治县综合贫困发生率均低于3%，脱贫人口错退率、贫困人口漏评率均低于2%，群众认可度均高于90%，五县均达到贫困县退出条件。元阳县如期实现了全县脱贫摘帽目标。

二、元阳县电商产业扶贫模式的可复制价值

电商产业扶贫是电商扶贫和产业扶贫深度融合的新型扶贫模式，对比过去几年国内电商扶贫、产业扶贫的成功案例和典型模式来看，元阳县电商产业扶贫模式的架构及形成过程以其多维元素的辩证施治逻辑和有序实践的历史演绎逻辑，具有很强的唯物性、通用性和可复制性，值得更多贫困县域在推进可持续性脱贫致富、乡村振兴时参照实践。

（一）政府牵引，担当县域电商产业架构师和平台运营领导者

我国县域经济发展具有复杂性，县域治理具有综合性，最适合推动县域经济稳定和发展的有且只有县委县政府。我国贫困县域往往位于远离大

中城市的老少边穷山区，电商是链接县域与外域的最佳管道，产业是富县强县的最佳抓手，电商与产业结合是践行管道理论中"通"和"养"动能激活的最佳实践。县委县政府作为县域电商的牵头人，既可以充分整合外部资源搭建电商管道，又可以有效协同内部资源培育产业生态。

未来县域经济发展既要靠国有资本，又要靠民营资本，混合所有制兼容了国有资本资源的稳定性和民营资本资源的灵活性。决策权适宜由国有资本把握以整合全方位资源，坚持精准方略，管理权适宜由民营资本把握以提供全产业链服务，提高脱贫实效。政府作为宏观管理者，最适宜担当县域电商产业架构师和平台运营领导者，以坚持党的领导，强化组织保障，决胜脱贫攻坚，共享全面小康。

（二）企业担当，优选有家国情怀的龙头企业推动产业链建设

县域扶贫从形而上讲是国家战略，从形而下讲是县委县政府和企业及农民交互的经济实践，既有理论性，又有实践性，既有公益性，又有市场性，既需要公益化运营，又需要市场化管理。故而，在选择龙头企业时要考察和确认龙头企业的价值理念和运营能力是否符合扶贫产业发展的内涵属性和实践要求。也就是说，只有既有家国情怀又有实践能力的龙头企业才适合被托付来运营县域的主导性农业食品产业。

近些年来，我国各级政府在激励企业的实践中，总结出了丰富的经验，其中一条就是"企业先投入、政府后补贴"。按照这种经验来推演，政府选择扶贫龙头企业时，必须选择既有较高情怀又有较强实力，最好是有现成资本资源的企业，来之即战、尽锐出战、战之能胜。这样的企业在县城中往往难以找到，为此，政府必须以更宏大的视角展开耐心搜索，最好的选择是本省内生的全国性甚至全球性运营的具备农业食品大健康类电商运营网络和管理经验的龙头企业。县级政府引入外部龙头企业实施电商产业精准扶贫，要切实处理好"输血"和"造血"的辩证关系，通过引入外部龙头企业为贫困县输血，并以输血为契机，重点放在造血机能的激活和濡养上，快速构建产业优势，长效打造产业生态，既快速脱贫，又长效致富，真正实现可持续发展。县级政府在引入外部龙头企业的同时，还要做好协同规划、基础保障、过程帮扶及考核评价工作，防止"失血"和"坏血"，避免"越位"和"缺位"，坚守"定位"和"岗位"，切实保障政企农三方共赢。

（三）农民参与，通过多维利益联结机制带领全体农民脱贫致富

从理论上讲，起步于 1978 年、确立于 1991 年的"家庭联产承包责任制、统分结合的双层经营体制"，这种制度既能坚持群众主体，又能激发内生动力，到现在来看，依然是最有实践价值的农村产业组织形式。在产业经营中，必须有大的龙头企业做整体产业带动，再培育小的农业合作组织带头人，农民既从龙头企业获得一次收益，又从农业合作组织获得二次收益。在资本经营中，除了确需兜底保障的贫困家庭之外，尽量减少直接福利扶贫，而将补贴资金和贷款资金统筹规划、分户计算作为产业资本投入，让农民获得可持续的资本性收益。

在扶贫实践中，我国贫困县域的农民普遍存在思想观念保守、经营管理能力弱、技术水平低、组织化程度差等问题，打造"政企农"电商产业扶贫模式的一个重要意义是对农民特别是贫困户进行了一次系统的"全农经商"的思想意识提升和实操能力培养。通过县乡村各级党委开展驻村帮扶和思想教育工作，通过龙头企业和各级农业合作组织带动，让农民理解什么是产业经营、什么是资本经营。通过组织农民参与良种选育、田间标准化作业管理、农产品标准化生产加工销售等产业经营全过程，把传统农民、贫困户培养成为懂经营、会管理、有技术的现代化"新农人"。通过组织贫困户参与建档立卡，获得农村金融组织贷款额度，组织贫困户加入村镇两级农业专业合作社，通过合作社集聚产业扶贫资金、自有资金、小额信用贷款资金分类投入产业经营、资本经营。组织农民亲自参与自有资金、贷款资金、合作社资金封闭运转全过程，让农民切身理解如何获得资金、如何调度资金、如何保障资金安全、如何计算收益、如何获得较好投入产出比，真正实现"资源变资本、资金变股金、农民变股东"。

（四）生态为本，通过激活县域生态资源潜能构建生态经济体系

我国贫困县域大都在老少边穷山区，拥有较好的适度规模的生态资源（对于生态资源极端恶劣的，政府往往会实施搬迁扶贫措施），并且较容易形成差异化生态优势。这种生态资源往往会伴随千百年来形成的独特的风土人情，例如哈尼梯田的独特自然文化遗产和有机红米产品资源，以及哈尼古歌、开秧门、长桌宴等人文资源，这些资源为四季文创和周年旅游的"诗和远方"提供了富饶的生态支撑。从长期产业发展和美丽乡村建设来

看，通过引入外部资源激活县域的富生态资源，是贫困县域推进乡村振兴，实现可持续发展的必然选择。

从元阳县电商产业扶贫实践出发进一步反思。精准扶贫，为的是获得社会资源投入产出的最大回报。电商扶贫，为的是打通县域与外域优质资源的连接管道。产业扶贫，为的是培养贫困地区自身可持续的发展能力。生态扶贫，为的是保护世代珍贵遗产的文化传承。元阳县在扶贫实践过程中，探索了一个模式，转变了一种思想，培养了一批人才，发展了一套机制，构建了一种理论，夯实了一个产业，塑造了一个生态，为其他县域开展长效扶贫和乡振兴事业提供了可资参考借鉴的实践经验。

第五节　婕斯生态合伙人管理实践

婕斯的生态合伙人管理实践，就是以其遍布全球 150 多个国家（地区）的几千万会员用户和智能供应链为基础，为世界顶级科学家营销其高端生命科学产品，提供全球化生态平台服务。

一、婕斯创客合伙人管理

（一）干细胞生物制品的未来价值

随着社会不断进步，医疗医学近年来得到快速发展，对疾病诊断治疗的能力在逐渐提高。在医学不断发展完善的过程中，传统医学、抗生医学、生物医学在世代传承和创新进程中，为人类健康持续贡献着巨大力量。未来医学领域，干细胞治疗正在成为修复医学和再生医学中最先进的治疗方式，并已成为医药产学研领域共同关注的未来话题。干细胞作为一项后基因时代的万亿规模的高新科技产业，近 30 年来获得了突飞猛进的发展，给人类的健康以及医学事业发展带来了跨时代的变革力量，它正在推动着医疗、预防医学、保健以及化妆品等行业发生颠覆性革命，为人类身体健康和品质生活带来了越来越多的福祉。

目前，干细胞技术的产业化应用主要包括两大方向：一是干细胞注射；

二是以干细胞技术为基础的营养补充剂产品。以干细胞技术为基础的营养补充剂产品很好地传承了传统中医药的天人合一自然哲学、阴阳平衡生命科学、君臣佐使医药配伍的理念和方法论，充分利用了基因工程、细胞工程、蛋白工程、酶工程等生命科学技术，遵照药食同源传统医学原理，将植化素做成营养补充剂产品，帮助人们修复基因、激活干细胞、延长端粒、提高细胞能量，进而恢复健康，重返年轻。

（二）婕斯把赋活青春精华露推广到全球

2009 年，婕斯公司成立的初心就是推广纽曼的赋活青春精华露。因为纽曼帮助了时年 70 岁的婕斯创始人兰迪，用自体干细胞注射技术治好了膝盖损伤。兰迪从此摆脱了轮椅或拐杖，恢复了身体健康，心态也重返年轻，决定帮助纽曼推广他研发的赋活青春精华露。当时，纽曼每月可以销售 40 瓶赋活青春精华露，兰迪承诺可以帮助他销售四万瓶，这 100 倍的增长，对科学家来讲是巨大的吸引力，于是双方达成一致意见，由婕斯公司独家推广这款赋活青春精华露。术业有专攻，大多数科学家所擅长的，也是所专注的，主要是科学和技术，他们做出来好产品，往往自己不善于推广，也没时间推广。科学家和科研工作虽然伟大，但如果没有好的企业家介入，高科技产品推广起来还是非常困难的。我们看到实验室里沉睡着大量优质产品，就是无法与用户实现面对面，真是暴殄天物，令人唏嘘。

婕斯成立伊始，就以两台根服务器硬件和创始人夫妇运营经验为基石，架构了完善的全球跨境电商平台，打造了交互式共享消费模式，开始培育婕斯独特的会员用户社区。

没过几年，婕斯就把赋活青春精华露推广到了全球各地，特别是在欧洲，受到了各国会员的热烈追捧。兰迪兑现了自己的诺言，快速高效地帮助纽曼完成了赋活青春精华露产品的全球推广，双方合作取得了空前的成功。

（三）纽曼的成功吸引了蒋帕帕的加盟

赋活青春精华露的成功推广，给了蒋帕帕信心，决定加盟婕斯。作为美国太空总署的营养医学顾问，蒋帕帕给婕斯平台带来了早前给美国宇航员研发的沛泉和 AMPM。沛泉和 AMPM 遵循古老的中医药自然哲学，运用基因技术、干细胞技术，用纯植化素提取物做成的营养补充剂，是药食同源的典范，很快吸引了大批全球华裔群体。

受到赋活青春精华露成功的激励，纽曼又开发了一系列以干细胞技术为基础的外用品，帮助用户修复和再生皮肤细胞，对传统化妆品形成了一定程度的降维替代。同样，蒋帕帕也受到了沛泉和 AMPM 成功的激励，继续开发系列干细胞技术为基础的内用品，对传统药品形成了一定程度的降维替代。内用品、外用品相结合，逐步形成了婕斯细胞优化系统产品组合，更好地推动了细胞修复和细胞再生，对帮助婕斯会员恢复健康、重返年轻产生了很好的加成作用。到 2019 年底，婕斯细胞优化系统，综合运用保持 DNA 健康、维持端粒长度、拥有一定数量干细胞、获得能量平衡四个方面的干细胞抗衰老技术，在基础营养、优化升级、体质调整、肌肤防护四个方面有了十几款产品形成的组合，并且每年还在有序丰富产品。

二、婕斯创利合伙人管理

婕斯虽然有强大的全球跨境电商运营平台，但从一开始就没有采取电子批发市场模式，坚持每年新增一款产品，保持每年业绩翻倍增长。从 2010 年到 2015 年，婕斯年度营收分别为 0.3 亿美元、0.65 亿美元、1.26 亿美元、2.57 亿美元、4.19 亿美元、10.9 亿美元。到了 2015 年，也就是婕斯运营的第六年，年度营业额超过了 10 亿美元，成为当年全美前 500 大企业中唯一成立六年内营收达到或超过十亿美元的网络营销公司。婕斯作为一家互联网科技企业，比肩了美国主要互联网巨头的增长速度。年度营收达到或超过 10 亿美元的美国互联网公司中，亚马逊用了 4 年，谷歌用了 5 年，苹果用了 6 年，脸谱用了 6 年，易贝用了 7 年。

到 2020 年，婕斯全球营收连续 5 年超过 10 亿美元，在 "2020 年度全球直销 50 强公司排行榜" 中国排名第 14 位，婕斯已经在全球 34 个分公司落实在地服务，全球物流送货已超 146 个国家及地区。

长期稳健的成长速度，帮助婕斯公司实现了很好的盈利，也帮助科学家们实现了梦想，获得了财富，还帮助千百万婕斯会员在收获健康的同时，分享了婕斯收益。婕斯会员在获利的同时，也加速了新会员的招募，推动婕斯会员数量每年翻倍增长。在创利方面，婕斯的管理端、科技端、会员端三方都获益颇丰，实现了多赢。

三、婕斯创新合伙人管理

（一）创新循环体系的构建

随着全球化进入下半场，自由贸易受阻，全球流通门槛增高，驱动全球化进入到了高质量发展阶段。这从我国进博会（中国国际进口博览会的简称）的进化中可以看出端倪。我国从 2018 年开始举办第一届进博会，到了 2020 年，尽管受到疫情影响，全球仍有 60 多个国家参与我国进博会。我们深刻感受到，我国的国际大循环越来越走向高质量发展阶段，只有高品质的产品贸易和服务贸易才有机会进入我国市场，满足我国用户日益增长的美好生活需要。

我们一直在企业中讲，不创新等死，创新找死，创新的必要性无须多论，创新的成功率却低得可怜。我们看到了古今中外太多科技成果躺在实验室里，很难产业化，有些产业化了，也是表现惨淡。究其原因，在于创新是一个系统工程，在创新链、产业链、价值链、生态链构建上，不是一个环节或一个模块优秀就能成功，而是要端到端的优秀，要成系统的协同，才有可能成功。

婕斯正是这种端到端都优秀的典范，在科技端、管理端、会员端三大环节成功凝聚了高水平的科学家、跨境电商平台和高端会员。而互联网时代，这三方力量又能有效地互动、互相加持、赋能聚能。我们看到，一年一度的婕斯大会是科学家和会员相聚的盛会，推动价值链走向价值循环，而且是螺旋式上升、波浪式前进的全球范围内的封闭式内循环。

（二）创新科技产品与科学家的持续加入

我们知道，成人干细胞主要储存在人体的脂肪部位、血间质部位以及脊髓部位。婕斯科学家团队中，纽曼是美国脂肪干细胞之父，蒋帕帕是美国胚胎干细胞之父。在脊髓干细胞研究领域，德雷波是美国该领域的顶级科学家。随着婕斯帮助科学家们不断取得成功，德雷波决定加入婕斯。

德雷波带来了一款脊髓干细胞技术制品，英文名叫 Blu（Revita Blu），中文名叫活力蓝。Blu 的主要成分是水解束丝藻、沙棘、芦荟，主要作用是激活脊髓干细胞，快速补充软骨组织的干细胞数量，修复受伤的软骨组织及脏器，帮助会员快速恢复运动机能和脏器活力。

M1ND 是一款脑神经修复的食品补充剂，其主要原料是经典的中医药材蚕丝蛋白，其技术是韩国一个科研团队的科研成果，婕斯买断了 M1ND 产品专利，进一步丰富了婕斯细胞优化系统的产品组合。

同时，纽曼团队研发的健发精华、蒋帕帕团队研发的 NMN 细胞能量补充剂，也在不断丰富着婕斯细胞优化系统的产品组合。

（三）创新科技融入婕斯制度化

经过 10 多年的成功实践，婕斯已经形成了和科学家长期战略合作的成功运作模式和成熟运营体系。目前，婕斯每半个月就会召开科学交流会议，全球顶级的科学家及其团队热情高涨地来到婕斯，展示他们最新的科技成果，渴望通过婕斯全球跨境电商平台和高端会员消费社区，帮助他们实现科技成果产业化梦想。

后基因学时代，随着生命科学的高速发展，未来人类生活当中遇到的问题会有 80% 可以通过生命科学原理和方法论来解决，这个市场不仅仅是大健康的万亿美元市场规模所能涵盖的。婕斯已经成为生命科学家研发的高科技产品的绝佳全球推广平台，这又为婕斯带来了丰饶的"源头活水"，给会员带来一浪高过一浪的惊喜，帮助科学家实现科技成果落地和人生财富成功。

（四）履行社会责任推动婕斯获得社会认可

截至 2020 年底，婕斯累计获得了 800 多个社会荣誉奖项。2020 年，婕斯在全球直销公司中排名第 14 位。

截至 2020 年底，婕斯创始人兰迪先生在多个享有声望的商业奖励计划中获得了 20 多个奖项，其中包括安永年度企业家、年度经理人（6 次）、年度创建团队（3 次）、年度管理团队（6 次）和终身成就（2 次）。婕斯创始人温迪女士荣获了许多领导奖项，其中包括被世界权威营销机构《网络营销新闻》在 2012 年、2014 年及 2017 年三度评选为最具影响力女性，妇女世界大奖在 2019 年授予温迪年度女企业家、年度业界最佳女性、年度女性主管和年度女性成就奖。温迪还连续 2 次获得年度创新奖和 6 次获得终身成就奖，并且是在 20 年内领导两家 Inc. 500 公司的三位女性创办人之一。婕斯创业合伙人刘易斯先生在 2017 年被《网络营销新闻》评为网络营销业界中40岁以下的力量之一，2018年，刘易斯获得了被誉为美国商界最高荣誉的史蒂夫奖，被评为年度消费类产品的年度最佳创新奖。

正如刘易斯所倡导的那样，通过婕斯大家庭创造一项全球运动，结合志同道合的领导者，统一精神，并抱着为世界建立积极正面影响的共同使命。

第六节　小米生态合伙人管理实践

小米的生态合伙人管理实践，就是基于小米手机开发经验、电商平台及粉丝运营经验，发展生态链创客体系，走出一条多元化产业生态创新与发展之路。

一、小米生态链创客合伙人管理

（一）适应家居消费物联网发展趋势

2013年，我国智能手机出货量达3.18亿台，移动互联网网民规模达5亿人，移动互联网经济规模达1083亿元。同年，我国移动互联网进入4G时代。

雷军在2013年底敏锐地洞察到了智能硬件和消费IoT（物联网）市场爆发前景，预测消费大数据+智能硬件是消费物联网的发展趋势。为抢占先机而不分散小米手机价值链资源，雷军决定布局生态链，借助之前做天使投资人的实践经验和相关产业资源，以及做小米手机的实践经验和价值链资源，布局智能硬件生态，发展消费IoT事业。

雷军对我国传统制造业在产品设计和运营效率上的问题非常熟悉，决定用互联网思维改造传统制造业。雷军认为，我国消费品市场上，整体供给过剩和高端供给不足矛盾突出，中国人都喜欢到国外消费，国内生产的产品没人爱买，而且还非常贵。究其原因，店面费用高，渠道费用高，中间环节多，产品难以做到物美价廉。而且，大多数工商企业没有在研发和营销上下功夫，考虑的主要是在产业链条中如何赚到钱，都想层层加价，层层效率又都很低。用互联网思维提升产业效率，并没有一个点石成金的简单方法，产业效率隐藏在所有环节中，就看如何挖掘，以及挖掘的人在他擅长的产业环节中是否有企业家精神。从雷军的分析来看，他领悟到了市场经济的本质，那就是效率。

（二）小米生态链的规划

2013 年，小米专门拨出资金设立金米 [天津金米投资合伙企业（有限合伙）]，安排合伙人刘德掌管。雷军的目标是投资 100 家生态企业，形成以小米为核心的"小米生态"。小米擅长的是低价策略，生态链的本质是高效价值链管理基础上实现低价策略。小米规划集成起一批智能硬件研发和生产企业，通过提升产业协同效率，为用户提供价廉物美的智能家居产品组合和服务。

小米对目标生态企业的选择也是遵循生态位逻辑。按照生态位规律，以小米手机为核心，小米将投资标的按照由近及远分为三个圈层。第一圈层是小米手机周边产品，如生产移动电源的紫米（江苏紫米电子技术有限公司的简称），以及耳机、小音箱等。第二圈层是家居智能硬件，如小米生态链首家上市公司华米 [华米（北京）信息科技有限公司的简称]，主要生产小米手环等智能穿戴产品，以及无人机、机器人等高科技产品。第三圈层是家居大消费，比如生产毛巾、牙刷等生活耗材的最生活 [本上生活（深圳）科技有限公司的毛巾品牌]。

（三）小米生态链的投资

1. 投资行业的选择

小米在投资行业选择方面，围绕消费 IoT，主要包括手机周边、家居智能硬件、家居大消费三个投资领域。概而言之，小米的投资行业属于大消费领域。2009 年金融危机之后，我国经济增长拉动因素逐步由出口向投资转型，进而向消费升级，投资大消费与国家战略和发展趋势协同。

小米在投资产品选择方面，主要考虑要与小米的粉丝需求形成协同。优选与小米品牌风格接近和搭配的产品，这样可以利用小米现有粉丝基础孵化被投企业的产品，以提高投资成功率。同时考虑用户黏性，比如毛巾、牙刷这类刚需产品，对于提高用户黏性有很大价值。这类生活类产品，看似普通，其实很多都是技术含量非常高的产品，或可以用技术改变的产品，这符合小米"让全球每个人都能享受科技带来的美好生活"的企业使命，自然也符合小米生态链投资定位。

2. 投资企业的选择

2013年，小米已经有1.5亿成熟活跃的粉丝用户群，如果能够打造出像小米手机一样的手机周边产品，这些产品就能够享受到手机销售的红利。

移动互联网时代，手机外形越来越薄，电池的体积却不好增加，智能手机越来越耗电，电池技术暂时又没有革命性飞跃，所以做移动电源是一个不错的选择。

因为移动电源和手机的关联性较大，2011年，小米自己做了一个移动电源产品。小米自己开模具，用最好的电芯，自主研发制造，最后做出来，成本100多元，单价200多元，一个月只卖了2万个左右，无论产品定义、性价比还是销售规模，都不是经典的小米手机的研发和营销模式，加上销售效果不佳，所以很快就叫停了。

到了2013年，小米投资团队又开始研究移动电源行业。那时市场上已经有了很多移动电源产品，但良莠不齐，大品牌价格极高，小品牌杂乱生长，性能差且安全指标大都不合格。小米投资团队认为这个市场有投资机会和投资价值，所以决定先投资移动电源。

刘德找到了创业初期给小米做代工的英华达南京公司总经理张峰，希望他来创业做移动电源。正好张峰也在考虑从职业经理人向创业者转型，双方一拍即合。这是小米第一个投资项目，不能有所闪失，所以，小米投资团队组成了雷军、刘德、张峰三人投资领导小组。

张峰负责创办紫米公司，主营业务定位是开发和生产移动电源产品。小米投资紫米但不控股紫米，主要帮助紫米定义产品、设计产品，并帮助紫米背书供应链，授权使用小米品牌，产品可以在小米的电商平台上销售。

移动电源是小米生态链投资的第一个行业，紫米是小米生态链投资的第一个企业。雷军和刘德全程深度参与，紫米取得了预期的巨大成功。通过紫米的投资成功，小米归纳出了生态链投资模式。也就是说，先有紫米，后有生态链，生态链不是规划出来的，而是做出来的。从点做起，积累经验，逐渐向外摸索。这种创新创业模式，符合实践出真知的知行合一逻辑。

3. 投资模式的选择

小米通过归纳投资紫米的成功经验，逐步确立了自己的基本投资原则，那就是"参股不控股"，经营决策主体依然是企业，小米主要做生态链规划和投后服务。

小米的投资模式很好地平衡了传统投资公司和实业企业投资部门两者的优点。传统的投资公司大都是参股策略，目的是帮助被投企业做大市值，退出获利，优点是基本上不与企业争夺控制权，缺点是与企业存在利益博弈关系。实业企业投资部门大都是控股策略，目的是控制被投企业的决策权，以强化企业价值链竞争力，优点是不吝惜大量资源投入，缺点是基本上剥夺了被投企业领导团队的决策权。小米选择了传统投资公司的参股模式，又与被投企业建立了长期战略合作关系，小米选择了实业投资公司的大量资源投入，又不抢夺被投企业领导的决策权，根本目的是建立双赢的生态链。

在实践中，小米投资的所有生态链企业，最高占股 40%，多数都是20% 左右，这与专业投资公司持股比例相当。小米不去控股就是为了保证这个生态链企业的企业家精神，保证自主经营能力，小米恪守定位，只做服务。这与强调母公司控股的诸多大公司内部创业模式相比，给了团队更多的股权和奋斗前景，因此后者更有动力和压力，创新创业才更容易成功。

（四）小米生态链的运营

1. 输出小米的价值观势能

打造生态链，要依靠小米价值观的有效输出，从而实现品牌势能的高效利用。小米手机为普及智能手机乃至移动互联网应用做出了巨大贡献，也因此形成了独特的企业价值观和品牌号召力。从小米手机到平板、从电视到路由器、从电源到手环，通过生态链快速复制，比小米单打独斗一步一个脚印地扩张要快得多。这也是雷军"天下武功，唯快不破"战斗哲学的体现。借助生态链，小米快速积累起来的品牌势能可以在多个领域得到利用和释放，实现品牌价值最大化。

小米与生态链企业有一个共同的事业，就是共同给同一群用户创造价值，也就是事业要统一于用户。小米的基础是互联网思维，竞争力是提供高性价比的产品和服务。小米要求生态链企业的产品与小米自研产品具有同一属性，就是给用户提供的多品类多品项的产品组合，统一于高性价比的基因属性。用户不用投入过多精力去到处比较，只要是小米生态链体系的产品，一定是高性价比的，形成用户习惯性认知和信任。这样就给用户提供了一个福利，帮助用户提高了决策效率，只要是小米生态链体系的产品，买就对了。

2. 输出小米的营销势能

小米与生态链企业的关系，除了决策关系和股权关系这些基本链接外，就是小米致力于给投资的生态链企业赋能。

在产品定义阶段，小米可以给生态链企业提供产品营销建议。小米产品的工业设计感很强，刘德本身就是做工业设计出身。被投企业最后大都需要通过小米的营销渠道来销售产品，所以小米在产品定义方面拥有非常大的话语权，也可以说是否决权，这种否决权来自于对粉丝的理解，而不是来自于控股股权。小米简洁干净的工业设计风格，普遍渗透到了投资生态链企业的产品定义上，这对于后期的统一营销奠定了基础。也就是说，在产品销售阶段，小米生态链企业的产品放在一起，就像是一家企业做出来的，能够感受到工业设计上的基因一致性。小米对性价比的强迫性追求，也体现在产品定义上，我们知道产品功能必须有所取舍，不是一味增加就好，但很多初创企业往往在这方面把握不好，取舍失衡的关键是做不好断舍离。小米丰富的产品定义经验和用户交互经验，能够快速判断哪些功能需要增加、哪些功能需要削减，以便实现最优的性价比。

在产品生产阶段，小米可以给被投企业做信用背书。大多数生态链企业都是创业期的小企业，小企业自行构建一条完整的供应链非常困难。即使个人品牌强如雷军，在小米初创期，也很难找到代工厂。当小米自己打造了手机供应链之后，就可以利用这条供应链资源及小米的品牌资源，来帮助生态链企业与各级供应商沟通谈判，快速整合资源，打造最适合他们的供应链体系。随着小米生态链企业日益增多，小米就可以用生态链整体需求与各级供应商谈判，这又是任何一个单打独斗的小企业所无法做到的。

在产品销售阶段，小米可以帮助被投企业做市场和销售。经过3年多的打造，小米品牌已经家喻户晓。如果用小米品牌销售生态链企业的产品，那是事半功倍，如果用生态链企业自己的品牌，那么小米作为投资人，依然会有很大的加持影响。最后一些生态链企业都选择了中间道路，那就是围绕小米品牌打造了自己的米系列产品和品牌，如紫米、华米。如果用小米商城销售平台，则会充分运用小米几亿粉丝的红利。为把销售渠道价值最大化，2017年，小米决定新建一个直销电商平台，取名叫"米家有品"，2018年更名为"小米有品"。小米有品是主要为生态链企业打造的家居消费类智能硬件的高品质网络商城，这样就可以以小米做品牌背书，整合生态链企业的集体产品，互相加持，共同打造小米有品生态。

3. 输出小米的管理势能

雷军是善于总结的企业家和投资人。2008 年，雷军提出了互联网七字诀：专注、极致、口碑、快。刘德是大学老师出身，总结提炼自然是基本操作。

我们知道，初创企业的管理能力大都不强，小米就把小米的管理经验总结提炼，赋能给生态链企业。互联网七字诀等企业经营和管理的理念及方法论，都被整理加工形成培训教材，用来训练生态链企业的中高层管理人员。

随着管理赋能的需求越来越大，小米顺势成立了谷仓学院，专门用来给小米投资企业提供咨询和培训服务，帮助生态链企业系统地学习小米模式。这种大规模、成建制地学习小米的理念和方法论，反过来又强化了这些企业对小米价值观和品牌的深度认同，无形中在小米生态链体系中打造了一条软链接。

2013 年，雷军被央视评为中国经济年度人物，这对于在家居生活物联网领域开创出一片蓝海的雷军来说，可谓实至名归。

（五）小米生态链的管理

1. 生态链企业的民主集中管理

在小米和生态链企业的沟通与合作过程中，会自觉地把自己定位为顾问角色和服务角色，推行民主管理。小米虽然不控股，但小米对生态链企业的培育和孵化是不遗余力的，比市面上绝大部分投资机构对被投企业的支持要大得多。

小米和生态链企业之间的生态关系，决定了生态链企业的市场表现，对小米品牌有较大关联性。毕竟小米从全价值链角度给生态链企业做着强关联背书。小米是一家以用户为中心的企业，所以也最在意生态链企业在用户侧的表现。在管理上，小米对客户体验相关的环节和成果往往给予很强烈的管控，这种集中管理的一个重要缘由在于小米相当于是生态链企业的渠道分销商。按照价值链商业关联关系来讲，任何渠道分销商都有权选择是否经营和支持供应商的产品和服务，特别是有供零战略协作的情况下。

拿小米电源来讲，小米电源就打破和颠覆了整个电池行业，以海量原材料采购形成垄断式的行业话语权，因而形成碾压式的成本优势。甚至有友商按市价购买小米充电宝成品之后回去拆开换 Logo 重新卖，比原先自己找厂家买材料加工生产的成本还要低。这种竞争力的形成，很大程度上是受到了小米作为渠道分销商的性价比管控所挤压出来的。

2. 生态链企业的适度竞争

随着小米投资的生态链企业逐步增加，以及生态链企业个体的逐步壮大，生态链企业之间就会出现一定程度的产品和市场竞争关系。首先，小米会在投资之初，做好统筹考虑，在某个细分市场，不会投资太多企业。因为在一个细分赛道上投资企业较少，小米在投资之初就要优中选优，慎重投资，在投资之后，就会不遗余力地支持生态链企业走向成功。由于小米强大的赋能资源和能力，就不必像传统投资公司那样，赌赛道，多方押注，只要一家成功了，这个赛道的投资就能回收成本和拿到较高收益。其次，小米也不会占星术，依然要尊重投资规律，采取适度的赛马不相马机制，适当投资有竞争关系的企业。由于生态链企业之间存在互相竞争性和可替代性，当小米关键辅导的生态链企业迟迟没有实现预期目标时，小米也会"挥泪斩马谡"，及时安排另一家企业进入预期的细分市场，展开新一轮的辅导，驱动新进入的生态链企业开展竞争，直到占领该细分市场为止。这种执着的产业投资思维，与传统的投资公司有着本质差异。

以智能摄像头为例。最先被安排主攻这个细分市场的生态链企业，在小米的助推下卖了不少产品，但迟迟未能如小米期待的那样形成行业领先优势，所谓的"击穿市场"。小米决定安排另一家生态链企业创米（上海创米科技有限公司的简称）投入战场，并立即推出"小白摄像头"，开创了小米期待的市场领先局面。这种竞争态势，就像以前很多企业常用来告诫员工的标语"今天不努力工作，明天努力找工作"一样。市场竞争需要被投企业永远保持创业心态，保持激活状态，快速走向成功，毕竟当今我国各行各业的市场竞争都已经白热化了。

二、小米生态链创利合伙人管理

（一）小米的投资收益

小米打造生态链的战略动因是看到了家居生活类物联网的产业机会，得到的投资收益主要包括财务收益、事业收益及产业收益。

投资的基本属性是财务收益，简单讲就是钱生钱。小米做投资也不例外，毕竟小米投资是真金白银地投了钱，要为自己和跟投的股东们负责。随着我国中产阶级群体的扩大，我国消费者从温饱型向享受型、发展型升级，小米投资选择家居生活类物联网大赛道，不存在颠覆性投资风险和方向性投资错误。小米选择生态链企业重心不在财务数据，而在技术数据和产品数据，小米的投资经理是工程师出身，这在选择有核心竞争力的企业方面，小米的投资经理远远超越了传统投资公司的财务专长的投资经理。小米对生态链企业的赋能是全产业链赋能，小米是真正的生态平台，在这种平台上奔跑的生态链企业相对竞争对手来说，更容易成功。多种因素决定了小米可以从被投企业获得财务收益。从实践结果来看，截至 2019 年底，小米共投资了 290 家生态链企业，总账面价值约 300 亿元。

任何企业都有自己的资源和能力边界、经营和管理边界，小米也不例外。小米做生态链，就是为了获得超越自身边界之外的事业收益。做手机事业本身需要极度专注，小米如果靠自身投资很难再做出几条多元化业务线条，但通过生态链投资，就可以在多个篮子里收获多个事业，曲径通幽地获得事业的成功。未雨绸缪，防微杜渐，小米的前瞻布局帮助小米完美地跨过了一个经济周期的波动。2016 年，由于消费放缓和竞争加剧，小米手机销量在 2015 年基础上大幅减少 2300 万部，下滑幅度高达 36%，销售额减少数百亿元。而这一年，小米生态链企业 2016 年总体销售额达到了 150 亿元，在一定程度上弥补了小米手机销售额下滑的损失。更为关键的是，小米生态链企业的集体崛起，让投资人看到了小米系的未来价值。

客户群的增加也是小米的一大事业收益。小米生态链产品大都是价格低廉的小产品，比如 1000 多元、2000 多元的小米电视，这些产品更容易获得海量用户。小米手机本身定位是物美价廉的中端价位产品，难以获得高端手机用户的青睐。但小米生态链平台上的手机周边产品，如小米手环、小米移动电源等，获得了大量 iPhone 等高端手机用户的青睐。这种"随风潜入夜，润物细无声"的品牌延伸能力，大大增强了小米品牌的客户圈层渗透率和市场深度覆盖率。

做实业的小米，与生态链企业互相"借船出海"，赋能与聚能完美融合，最后形成了产业联合舰队，给小米带来了巨大的产业收益。2019 年底，MIUI 月活用户 3.1 亿，已连接 IOT 设备 2.3 亿台（不包括手机和电脑）。小米打造了人工智能助理小爱同学，功能包括连续对话、直观图像和语音交互、AI 电话助理、声纹识别等，激活的智能设备超过 800 款，合计超过 1 亿台，月活跃用户 6 千万，成为我国大陆最活跃的人工智能语音交互平台之一。

（二）小米生态链企业的收益

创业型中小企业加入小米生态链，就是看中了小米有别于其他投资公司的资金之外的能力。通过加入小米生态链，大多数中小企业都得到了满意的财务收益和事业收益。

加入小米生态链，创业型中小企业大概率可以获得财务成功。截至 2016 年底，短短 3 年内，小米累计投资 77 家生态链企业，绝大部分已发布产品，其中有四家估值超过 10 亿美元的独角兽公司，分别是紫米电源、华米手环、智米空气净化器、纳恩博平衡车。小米手环销量中国第一、世界第二，达 2300 万只。小米移动电源销量世界第一，达 5500 万只。小米空气净化器销量中国第一，达 100 万台。另外，小米耳机的总销量 1800 万只，小米插线板总销量 550 万只，小米摄像头总销量 330 万只。小米智能家居物联网生态已经连接激活超过 5000 万台设备。到 2019 年底，小米生态链上 IoT 与生活消费产品收入达到 621 亿元。

加入小米生态链，创业型中小企业会大概率获得事业成功。小米投资的生态链企业大都是小微企业，很多生态链企业就是一支技术团队，可能就几十个人，甚至十几个人。这种小微企业往往在一个能力上有长板，比如独有的技术，比如对传统产品缺陷的理解，它们在这方面的能力强大，但是通常能力不够全面，比如没有整合供应链的能力、没有强大的品牌影响力。所以，生态链企业在进入小米生态链之后，能以小博大，用自己的单一能力去分享小米生态链平台全面的资源和能力。借助平台的力量，生态链企业把自己的能力放大，实现加速增长。与小米这样的实业型加资本型平台企业合作，最难能可贵的是，生态链企业仍然有自己独立的发展空间。对小米来讲，生态链企业在创业期可以在生态链平台上全面发展，等发展到了一定规模，也可以去独立发展，并不受小米限制，而且小米还乐见其成，因为有太多企业需要孵化。实际上，这些企业之所以愿意在小米生态链平台上发展，一方面是因为能力的超强互补，另一方面是因为并没有丧失自己的发展空间和发展机会。

三、小米生态链创新合伙人管理

（一）小米大制造平台的构建

小米生态链平台上，既有在赛马中相马，也有在竞争中合作。一些优先发展起来的生态链企业，不仅受益于小米的生态平台，还深受小米平台文化的影响，在做大做强之后，开始仿效小米生态链，主动帮助其他生态链兄弟企业，特别是后加入的小微企业。这样，生态链企业就开始把自己打造成新的创业平台。

以小米投资的第一家生态链企业紫米为例。经历了 3 年的孵化与辅导，紫米快速成长为独角兽企业。紫米 CEO 张峰可谓小米的老朋友，从早期在台企任高管时拍板代工小米手机，到后来在雷军和刘德的鼓励下创业，张峰已经成为小米价值观和战略战术的坚定信徒乃至布道者。在紫米大获成功后，张峰主动将紫米的供应链资源和运营方法论分享给纳恩博、华米等需要用到电池的兄弟企业，实现共同创富。紫米的利他理念和成功实践，无意间把自己也打造成新的生态平台，以电池领域核心技术为基础，开始辅导其他小微企业创业成长。

2018 年 2 月，小米生态链企业华米在美国纽交所上市。2020 年 2 月，小米生态链企业石头科技（北京石头世纪科技股份有限公司的简称）在深交所创业板上市。随着越来越多的生态链企业独立上市，将出现越来越多的新的平台型企业。

（二）小米大金融平台的构建

小米在成立金米投资公司之初，主要目的是服务于小米生态链的打造。随着小米生态链的日益完善，进军综合金融业务顺势水到渠成。

2015 年，小米开始涉足综合金融业务。2020 年 1 月，小米获得我国银保监会颁发的消费金融牌照。小米依托"手机+AIoT"双引擎战略，围绕小米生态链，打造金融科技服务平台。小米金融（上海小米金融信息服务有限公司的简称）的主要业务范围包括消费信贷、第三方支付、互联网理财、互联网保险、供应链金融、金融科技、虚拟银行及海外板块等，为用户提供小米金融 App、小米贷款 App、小米钱包 App 等独立应用软件。

2015 年 7 月，小米金融向符合资格的本公司员工及关键管理人员授予小米金融的股票期权，有效期 10 年。在金融领域复制小米创立之初的合伙人激励机制，驱动团队致力于长期打造小米金融平台。

经过 5 年的稳步发展，小米金融已经开创了 10 项主要业务。

（1）小米钱包。小米钱包是基于小米 MIUI 系统的 App，致力于为用户提供便捷交易、功能多样化的资金服务。小米钱包支持线上快捷支付、生活充值缴费、线下 Mi Pay 支付、扫码付、手机公交卡、手机门卡使用等多种形式的使用场景。

（2）小米支付。小米支付（Mi Pay）提供多场景手机移动支付功能，以具备 NFC 芯片的小米硬件设备为载体，通过具备银联"云闪付"功能的 POS 机和支付终端设备实现近场支付完成交易，同时支持线上云闪付的消费支付。依托银联标签支付技术研发的 Mi Pay 碰一碰支付，手机碰触标签验证指纹后即可完成付款。

（3）小米贷款。小米贷款是小米金融旗下的消费信贷服务，主要业务为个人信用贷款、消费分期贷款，采取无担保线上交易模式。根据大数据建模及征信信息授信，基于移动互联网线上平台，以手机为载体，为用户提供服务。2015 年 9 月，小米贷款推出 App。

（4）小米财富。小米理财的主要服务包括银行存款、保险理财、公募基金、券商资管等，主要集中在活期和定期两类。

（5）小米保险。小米保险主要服务包括手机碎屏险、百万医疗险、综合意外险及重疾险等险种，同时可为小米和小米生态链企业提供财产一切险、货物运输险、公共责任险等产品和服务。

（6）供应链金融。2018 年 3 月，小米金融正式开展供应链金融服务，依托小米主业，解决从原材料采购到终端销售的全场景全链条金融服务。

（7）金融科技。小米金融科技业务在输出金融科技服务的同时，建立国内数字资产 EDI，构建智慧金融体系，服务内部业务线与外部机构，可提供管理决策、业务平台、产品交付等一站式金融服务方案。

（8）虚拟银行。小米与尚乘集团合资设立虚拟银行，于 2019 年 5 月获得了香港金融管理局颁发的虚拟银行牌照，旨在为我国香港居民和中小企业用户提供感动人心的个性化、智能化、便捷化智慧银行服务，为普惠金融和产业金融注入新动能。

（9）"小米零钱卡"银行 Ⅱ 类电子账户。2019 年 9 月，小米金融与中国建设银行签署战略合作协议，共同打造"小米零钱卡"银行Ⅱ类电子账户。小米零钱卡基于小米钱包 App，可为小米手机用户提供便捷安全的支付、理财等一系列服务。零钱卡中的余额支持充值、提现、小米全场景支付、购买银行代销基金、签约银行存款产品等。

（10）海外业务。依托小米的全球化发展战略，小米金融与印度的知名金融机构及金融科技公司开展战略合作，主要提供贷款、支付类金融科技服务。

（三）小米大零售平台的构建

1. 小米商城与小米之家的新零售模式

小米商城主打小米手机、平板电脑等科技数码产品，逐渐延展至周边相关生活产品，如手环、箱包等，包括生态链企业的系列产品。小米商城的第一类用户为核心米粉，他们热爱小米文化，热衷于购买小米旗下各类产品，积极参与小米产品发布会、米粉活动及新品体验。小米商城的第二类用户为科技发烧友，他们热衷于科技的最前沿产品，如 VR 眼镜、平衡车、无人机、智能家居等，喜欢体验科技创新，痴迷于新产品细节探索，热衷于挖掘产品配置与性能分析。小米商城的第三类用户为口碑用户，他们多为单产品购买者，对小米产品无明显粉丝倾向，受线上与线下口碑传播影响，对品牌初步认可并购买产品，他们是核心米粉的广大群众基础。

小米之家是小米线下布局的核心终端与战略支撑点，是新零售的关键一环。2015 年开始，自营的小米之家门店扩大了线下零售直销网络，包括自营、专卖、授权三种投资运营模式。到 2018 年底，小米已建立 586 个小米之家，主要分布在一二三线城市，在中小城市和地区也设立了 1378 家授权店。

雷军认为，小米之家作为小米新零售的战略落地环节，关键成功要素主要包括流量、转化率、客单价和复购率。

在提高流量方面，选址聚焦精准流量。小米之家的选址主要是一二线城市核心商圈的购物中心，如万达广场、中粮大悦城。在商铺位置选择上，靠近优衣库等快时尚品牌，以最大化地获取基础目标流量。在零售品类选择上，选择小米自研和小米生态链上约 30 个品类 300 个品项。传统的手机专卖店，虽然是多品牌、多机型组合，但都是手机品类，用户一般 2 年左右换机一次，对单个用户来讲，进店频率低，而小米是围绕智能硬件多品类多品项产品组合，这就可以吸引单个用户高频率进店。这是小米之家敢于在黄金商圈开店的底气，也是高坪效的竞争力来源。

在提高转化率方面，选品聚焦爆品组合。爆品战略是小米创业之初即实施的一贯策略，这是与小米企业文化息息相关的策略。小米通过专注产品设计感和内外品质，简化供应链，推出的产品务求具有最优性价比。这种产品策略，带来的结果就是每个产品都自带流量，而且可以互相引流，协同提高用户流量进店后的转化率。

在提高客单价方面，选品聚焦关联体验。小米和小米生态链企业的产品具有很强的外部 ID 关联性，以及很强的内部软件关联性，推动用户连带性购买。和其他卖场的强促销相反，小米之家的店员不仅不做促销，而且远离顾客，除非顾客主动咨询。小米的店员不以销售见长，而以产品技术见长，这样可以给顾客提供非常专业的答疑和讲解。就像小米的投资经理，不以财务见长，而以技术开发和产品设计见长一样。在卖场设计方面，尽可能适应孩子无拘无束地体验产品需要。就像宜家家居一样，这种设计，一方面可以提高体验感，另一方面可以增加顾客在店时间，自然而然地提高转化率。

在提高复购率方面，店面聚焦社交属性。小米之家在成立之初，即以服务为主，竭力为米粉提供聚会、交流、活动场所，通过活动提高米粉参与感和体验感，增强米粉之间的交互性和归属感。小米之家的粉丝社交属性，驱动粉丝经常光顾小米之家，自然而然就会在活动之余购买产品，甚至一些粉丝聚会本身就是来参加一些产品的促销活动，通过增强黏性提高复购率。O2O 模式包括从线上到线下，也包括从线下到线上。小米之家成立之初，是承接线上粉丝的落地服务。当小米之家销售的品类品项达到了适度规模之后，就开始从线下吸纳粉丝，通过先注册后支付的购物流程设计，小米之家给小米商城持续贡献粉丝，增加流量。由于线上线下购物场景和购物体验的巨大差异，小米之家线下购物客群与小米商城线上购物客群的重叠度较低，从而扩展了小米粉丝来源，同时也丰富了小米粉丝的客群结构。当然，小米商城的消费数据也为小米在全国各地的小米之家选品提供了很好的大数据支持。

2. 小米有品的新零售模式

为了更好地营销小米生态链企业产品，小米在小米商城之外又构建了一个电商平台，就是前面提到的小米有品。小米商城和小米有品同为线上电商平台，在产品阵容上有大量交集，但各有侧重。小米商城强调最新科技，而小米有品偏向品质生活。小米自营手机，就是最大限度地砍掉中间环节，让小米手机从工厂到用户手中的距离最短。小米建立小米有品，同样是让小米生态链企业的产品从工厂到用户手中的距离最短，而且走的都是精品战略路线。

创建于 2017 年的小米有品，定位在高品位、高品质，不仅销售小米或米家品牌产品，亦对标 COSTCO，销售精筛的其他品牌的高品位、高质量产品。小米有品提供众多畅销优质产品，与小米既有产品结构互补。小米有品帮助小米拓展了用户群体，让小米大零售平台的整体生态更加丰富、活跃和繁荣。到 2019 年底，小米有品 GMV 超过 100 亿元，上线才 2 年多的小米有品就进入了我国综合电商平台前十位，成为精品电商的典范。目前精品电商市场的核心用户主要集中在一二线城市的中产阶级，随着我国国民收入倍增计划的有序推行，用户将更加追求正品和品质，注重效率和体验，未来精品电商市场规模有望持续放大。

与传统精品电商的 ODM（原始设计制造商）模式不同，小米有品的精品供应链包括小米自研、小米生态链和小米 OEM（原始设备制造商）三部分。对于小米 OEM 模式，小米有品在市场上精选有品牌、有供应链的成熟制造商，然后派出工业设计团队和品控团队参与产品的设计和生产，达到小米质量标准和品牌标准后，在保留制造商品牌的同时，印上小米有品商标上线销售。相当于在沃尔玛常用的自有品牌模式上，叠加了制造商品牌，既助力制造商品牌推广，又用制造商品牌做产品品质背书。目前，小米有品平台经营手机、智能家居、杂货等约 15 个大类 2000 个品项。这种电商品项规模，不仅不如传统电商平台动辄上千万的品项数量，甚至不如传统的沃尔玛大卖场 2 万个品项的经营规模。尽管如此，小米有品还是成功突破了小米自研和小米生态链企业的边界，通过无边界产业组织模式，积极与优秀的品牌制造商合作，这又以小米 OEM 模式扩大了小米的生态合伙人来源。

2018 年 6 月，小米有品全球首家线下旗舰店在南京建邺区开业。截至 2019 年 8 月，小米有品已在合肥、上海和南京等地陆续开设了四家线下门店。小米有品线下零售店，销售 15 大类热门商品共 3000 多个品项，涵盖了小米有品 APP 在线销售的所有产品。小米有品从线上走到线下，有序开启了 O2O 模式。

2019 年 4 月，小米推出"有品有鱼"，开始进入社交电商，分享社交红利。2019 年 9 月，小米有品正式入驻广发银行掌上商城，这是精准的在精品渠道层面的战略合作。2019 年 12 月，小米有品与海外众筹平台 Indiegogo 达成战略合作，小米有品开始进军海外市场，为国内精选的品牌制造商构建海外销售渠道。

（四）小米大消费平台的构建

5G 时代来临，小米制定了"All in AIoT"战略，通过统一的技术平台，打造小米全产品、全平台、全场景的用户服务能力，致力于成为智能生活领域的领导品牌。

2018 年，小米与美团战略合作，负责美团品牌智能手机的设计、研发、生产、业务运营、销售及市场推广，美团负责美团手机的部分图像算法及技术。这是小米融入大消费场景的一大标志，已经家喻户晓的小米，仍然可以放下身段，支持大消费场景的主要领导企业，共享市场做大的价值和收益。

2018 年，小米与 TCL 达成战略协议，联合研发智能硬件和核心电子元器件，在家电产业供应链及制造产能方面合作。这是小米立足大消费、大家电产业，与家电传统领军企业展开合作，携手推动家电产业的消费物联网升级进程。2019 年，小米电视在我国市场出货量超过 1000 万台，小米智能电视和小米盒子付费用户数超过 3700 万，月活跃用户数超过 2770 万。

2018 年，小米与宜家战略合作，宜家全系列照明产品将接入小米 IoT 平台。本来是不相关的行业，在物联网时代，产生了新的链接与合作机会。真应了那句话，"机会总是留给有准备的人"。

2019 年 1 月，小米对手机品牌架构进行梳理，推出小米、REDMI 独立的多品牌策略。同时，各品牌分别加强细分市场的深耕细作，黑鲨、美团、POCO 分别主要面向游戏、女性用户、科技爱好者用户群体。通过加强场景技术投资，为不同细分市场用户提供超越期望、物超所值的多样化手机产品。

小米创办 10 年，从铁人三项起步，逐步打造小米生态链，进而培育大制造平台、大金融平台、大零售平台、大消费平台等生态集群。在我国进入高质量发展新时代，贡献小米的力量。

第七节　北大纵横生态合伙人管理实践

北大纵横的生态合伙人管理实践，就是循序渐进地培育创客合伙人、创利合伙人及创新合伙人，形成多元化、富营养的生态体系，走出一条赋能与聚能融合共生的智库事业发展道路。

一、城市运营中心创客合伙人管理

（一）客户发展走向社区化

随着国家区域化、城镇化的发展，全国各地涌现了一批城市群、城市带，每个城市又都有着自己独特的官产学研用生态系统，各级政府及各类企业已经越来越难以单独发展，多元化的利益主体在竞争与合作进程中相融共生，逐步塑造着各具特色的社区生态。混合所有制、校企合作、政企合作、军民融合、小循环产业生态链打造等多种纷繁复杂的地区化、区域化、综合性发展模式的理念与实践案例层出不穷。

北大纵横的目标客户就学习、工作、生活在这些大中型城市集群之中。作为以"推动组织变革与成长"为使命的管理咨询公司，要想更好地贴近客户，更好地创造客户，更好地服务客户，不仅需要在管理咨询及培训这类基本功能上融入全国各地的城市社区，更需要在自身组织上催生分化以构建区域化的支撑体系。在现实和预期需求驱动下，北大纵横在全国范围内逐步建立起几十个城市运营中心。

（二）城市运营中心的建设

2003 年以来，北大纵横的员工招聘来源不再局限于北京市，这是因为客户在哪里，管理咨询顾问长期驻扎工作地就在哪里。公司在全国各地都有客户，因此公司希望在全国各地都有本地的管理咨询顾问，这样许多项目都可以靠本地的管理咨询顾问在本地解决。本地管理咨询顾问做本地项目，不仅不用长期离家，还因熟悉本地企业情况和区域市场环境而减少了沟通成本，提高了运营效率，同时也更好地降低了管理咨询顾问到异地做项目的交通食宿显性成本和环境适应调试隐形成本。

2006年6月，北大纵横第一个城市运营中心在上海成立，成功推进了从项目开发到项目运作的全部本地化。2012年，北大纵横在完成全员合伙模式构建之后，开始大力推进城市运营中心建设，到2020年，已经在近百个城市建立了北大纵横城市运营中心。公司制度性规定城市运营中心主任必须由本地合伙人担任。

（三）城市运营中心的运营

大规模的城市运营中心建设，帮助北大纵横深度融入城市各级政府的区域性战略规划与实施体系和进程，常态化开展区域客户沟通与合作，广泛链接区域内各种资源和能力，获得更多客户管理咨询订单和管理培训订单。在公司本部职能部门支持下，从全国性和区域性两个层面提升北大纵横的品牌渗透率和影响力、客户偏好度和忠诚度。

2013年，北大纵横开展了"后MBA班"社区建设，累计开设了100个后MBA班，合计招募了10000名后MBA班学员。后MBA班是一种公益组织，北大纵横委派本地合伙人做班主任，同时开展班级自治，打造知识型、学习型社区文化。北大纵横委派高级合伙人定期给后MBA班做培训讲座，协助班主任开设私董会，调动班级学员积极参与和组织各种社群活动，共同为班级学员提供多种智力服务，切实解决班级学员个人终生学习成长，甚至帮助学员所在企业诊断和解决日常工作中遇到的各种经营问题和管理问题。

不少后MBA班主任是由城市运营中心主任担任，这为整合城市社区智力资源和客户资源，深度参与城市社区规划、投资、运营类项目，提供了一个非常好的区域管理咨询平台。

2014年，随着北大纵横城市运营中心的建设和后MBA班的运营，众多新老区域客户、后MBA学员及所属企业都有较强的投融资需求。这一年，纵横资本成立。纵横资本依托北大纵横的合伙人团队的智力资源及内外部合伙人的资本资源，以新老客户和后MBA班学员企业为服务对象，提供股权投融资、债权投融资、并购整合及财富管理等资本类服务。

在管理咨询与管理培训主业稳健运营的基础上，北大纵横鼓励内部合伙人和外部合伙人联合投资创业，公司提供客户端、资源端、管理端的全方位、立体式、长期性的资源支持。北大纵横的内外部合伙人先后孵化了云商学院、新三板财务顾问、璞道酒业、众筹联盟、众筹商学院、明星商学院、转型 TOP100 音频等众多企业及项目。

2015 年，李克强总理在政府工作报告中提出鼓励"大众创业、万众创新"。随着我国经济发展从工业经济时代走向后工业经济时代及至服务经济时代，合伙制轻资产创业成为一个日益普及的投资与经营管理趋势。北大纵横社区化发展再次与时代要求同频共振，在社区内，多元化的合伙人一起和衷共济，砥砺前行。

二、行业中心创利合伙人管理

（一）客户发展走向生态化

近些年来，大型企业纷纷从聚焦核心产业的"有限相关多元化"模式向广泛投资的"无限相关多元化"模式再次转型变革。"生态化反"模式虽然成功难度极大，但这个模式对生态思想的传播却起到了深入人心的效果。于是无论大企业还是中小企业，都越来越认识到了生态思维和生态模式的重要性，争先恐后地在生态体系中寻找自己的生态位，甚至多元生态位。

北大纵横从 2008 年开始变革组织模式，把经营重心配置在行业中心这个"绩效单元"上。10 年来，公司裂变、培育了几百个行业中心，这些行业中心都是独立管理、独立运营、独立核算、自负盈亏的"阿米巴"类营利组织。随着客户生态化发展趋势日益显现，公司的行业中心模式也要"随需而变"。

（二）行业中心的建设

随着众多客户关注和探索产业链生态化发展，北大纵横的行业中心管理也在稳步转型升级。首先是行业中心的实质性整合，由过去的不断裂变，不断细分化发展，开始向逐步集成化趋势调整，以因应生态化的范式咨询需求。其次是行业中心的虚拟性整合，借助越来越发达的即时通信工具等信息化、数据化系统，通过每日在企业微信群平台互动，通过在线月例会分享这一行政手段，通过行业期刊运营这一共同研究职责担当，同类行业中心逐步加强联系，在独立经营的基础上，或主动或被动，加强了抱团发展。就像罗贯中先生在《三国演义》开篇处讲的，"天下大事，合久必分，分久必合"，咨询组织之间的动态调整也应验着螺旋式上升的历史唯物主义哲学逻辑。

（三）行业中心的运营

行业中心在北大纵横体系中，营利责任主体的定位不仅没变，而且还得到了加强，一个显著变化是行业中心总经理成为公司唯一拥有签单权的中层干部。自 2020 年初，公司决定，今后事业部总裁放弃签单权，这是对 2002 年王璞先生主动放弃签单权 18 年之后的一次集体放权，这又一次体现了北大纵横高层管理团队集体大格局，可谓领导力的一次大规模复制。

公司赋予行业中心总经理更多权力的同时，也对行业中心的运营提出了更多元化的要求。首先是签单和做项目，这是最基本的职责，而且必须为之长期艰苦奋斗，以持续扩大经营规模和咨询质量。其次是行业研究和推广，发表行业特色的经营和管理类原创文章是对行业中心总经理的硬性要求，发布行业月刊和白皮书是对行业中心组织的硬性要求，以此解决"重销售、轻市场""重咨询、轻研究"这两大常规性、基础性问题。最后是行业沟通和整合，就是要融入和引领行业社区交流与合作。2020 年的一个显著变革是，将以往 14 年一以贯之的每年为期一天的"中国管理五环峰会"改为了为期一个月的在线行业论坛，每天一个论坛。以往由公司举办的大型综合性活动转型为行业中心举办的中小型专业性活动，本着"专精特新"原则，践行"理论与实践齐行，责任与权力并重"的多元创新文化。

三、研究院创新合伙人管理

（一）管理研究走向智库化

早在 2013 年 4 月，习近平总书记就做出批示，强调"随着形势的发展，智库的作用会越来越大"。2015 年 11 月，中央全面深化改革领导小组第十八次会议审议通过《国家高端智库建设试点工作方案》，明确建设中国特色新型智库是推进国家治理体系和治理能力现代化的内在要求，国家鼓励企事业单位成立研究院，建立高端智库。

北大纵横自成立不久，就常年被各级政府和行业协会评选评定为优秀的管理智库。如今智库建设上升到国家战略高度，北大纵横责无旁贷要大力加强公司自身的智库集群建设。

（二）研究院的建立

北大纵横的研究院建设可以追溯到 2006 年，那时只成立了一个研究院，即"北大纵横研究院"。当时的研究院主要做一些行业研究报告，提供给公司自己的咨询顾问，作为公司平台支持服务，同时，也对外定向销售一些行业研究报告。

现代意义上的研究院始于 2012 年，那年史俊先生建立了连锁经营研究院，钮黔先生建立了精益运营与智能制造研究院。2017 年，北大纵横事业合伙人研究院成立，是公司第 6 个研究院。公司从 2018 年开始大规模建设研究院，到 2020 年，已经有将近 50 家研究院在运营。

（三）研究院的运营

在北大纵横的生态体系中，研究院不同于融入客户本地社区提供学习服务的城市运营中心，也不同于贴近客户经营管理提供咨询服务的行业中心，而是以打造国家级高端智库集群为长期奋斗目标的纯研究类的非营利性组织。

在组织架构上，每个研究院由一名合伙人担任院长。研究院院长的首要职责是加强本领域的专项研究，撰写专业文章、蓝皮书，出版专业书籍，运营研究院微信群，在北大纵横百家讲坛做讲座，在北大纵横直播平台做视频演讲。研究院院长要加强个人品牌的独立打造，同时由于院长众多，因此更易于互相借鉴、互相帮助进而共同打造研究院的集群品牌。每个研究院都受益于北大纵横的集团品牌背书和平台赋能，研究院群体汇聚起来为北大纵横的集团品牌延伸扩展聚能汇力。

按照维基原理，最好的研究员都在研究院外部。北大纵横要求研究院院长在打造个人品牌基础上，不断提高社会影响力，借此积极吸引和整合外部研究资源，在诸如北大纵横五环峰会等全国性、区域性论坛上举办专业论坛或单独举办专业论坛，共同做强、做优、做大各个领域的研究生态。

长远来看，研究院将不断自我加压，将院长的兴趣、爱好、专长和企事业单位的经营管理需求动态融合，在理论层面上展开研究，在实践层面上展开探索，为推动北大纵横成为我国顶级智库贡献群体的智慧和协同的力量。

第五章

事业合伙人运营与文化

第一节　事业合伙人运营

事业合伙人运营，就是以事业为先，以合伙人为重，围绕事业领域的逐步拓展，循序渐进地提供组织和人力服务。

没有伟大的事业，难以招募优秀的合伙人，没有优秀的合伙人，难以成就伟大的事业。事业和合伙人是相辅相成、阴阳平衡的辩证依存关系。事业和合伙人都如此重要，如今希望成就伟大事业的决策者，必须尽最大努力，为事业合伙人在奋斗决策和奋斗过程中提供更高水平的组织和人力服务。

一、组织运营

（一）组织宗旨

组织的建立与存续，首先必须回答三个问题：组织为什么存在？组织为谁而存在？组织以什么样的状态存在？为此，企业决策者必须自始至终地明确、传播和捍卫组织宗旨。组织宗旨主要包括组织使命、组织愿景、组织价值观三部分。

所谓组织使命，就是要明确企业为客户创造的价值，为客户创造价值是组织存在的核心理由。事业合伙人，无论是创业合伙人、营销合伙人还是生态合伙人，加入组织，都不仅仅是为了找到一份工作、赚得一份收入，更多的是要在社会生态系统中，为社会社区发展、为个人人格完善，贡献自己的微薄之力，体悟一种感动自己的力量。毛主席曾经说过，"人活着，总是要有一点精神的"，正是有了这种精神，才有了一介书生率领亿万中国人民站起来，践行"为人民服务"的伟大使命。事业合伙人，是主动承担使命为客户创造价值的一群人，或者说，是努力践行"修己达人"修齐治平理想的一群人。正如詹姆斯·科林斯和杰里·波拉斯在 1994 年出版的《基业长青》一书中讲到的，高瞻远瞩的伟大企业都有利润之上的追求。

所谓组织愿景，就是要明确企业未来成功的样子，愿景是凝聚团队力量的核心源泉。物以类聚，人以群分，每个希望成为事业合伙人的奋斗者，都希望成为一个伟大的组织或成功的团队当中的一员。中国共产党成立之初，就选择了共产主义，正是这种美好生活的愿景，激励一代又一代仁人志士，通过集体奋斗，推动着我国从旧民主主义革命走向新民主主义革命，从社会主义初级阶段走向中华民族的伟大复兴。事业合伙人加入组织，是希望在为组织做出贡献和绩效的同时获取个人的成长和回报。正如彼得·德鲁克在 1973 年出版的《管理》一书中讲到的，管理的基本职责是使公司富有前途、工作富有成效、员工富有成就。

所谓组织价值观，就是要明确企业倡导和坚持的思维方式和做事原则，价值观是企业达成使命和愿景的核心动力。道不同不相为谋，价值观的选择和实践，在底层逻辑上决定了企业选择的事业合伙人类型以及企业的未来事业走向。中国共产党正是有了"实事求是""批评与自我批评"等核心价值观，才衍生出了人民子弟兵的"三大纪律、八项注意"行为准则，以及迭代至今的"不忘初心，牢记使命""反对形式主义、官僚主义、享乐主义和奢靡之风"及"八项规定"。正如罗伯特·西蒙在 1947 年出版的《管理行为》一书中讲到的，管理就是决策，任何决策都包含价值前提和事实前提，价值观就是占据至少一半决策影响力的价值前提。正是有了价值观的评价标准，我们才震撼地感受到当代中国教父级企业家高呼"没有伤痕累累，哪来皮糙肉厚"，以及"挥泪斩接班人"等悲壮场景。

（二）组织战略

正如阿尔弗雷德·钱德勒在 1962 年出版的《战略与结构》一书中讲到的，战略决定组织，组织追随战略。也就是说，战略是引领组织的战略，组织是实现战略的组织。所以，我们在探讨事业合伙人运营时，首要任务是确立组织战略，并基于组织战略确定为事业合伙人提供组织服务和人力服务。

2015 年 3 月 8 日，李克强总理在政府工作报告中讲到，打造大众创业、万众创新和增加公共产品、公共服务双引擎。这种顶层设计思路确立了在国家战略运营层面的"元治理"架构，也很好地映射了本书阐述的基本逻辑，即在企业管理层面打造事业管理和合伙人管理的双引擎。

创业离不开创新，守业也离不开创新。可以说，创新是企业管理永恒的主题。关于创新有很多分类和说法。约瑟夫·熊彼特在 1912 年出版的《经济发展理论》一书中，首次提出破坏性创新理论，并把创新分为五类，分别是产品创新、技术创新、市场创新、资源配置创新、组织创新。谢德苏在 2012 年出版的《源创新》一书中，首次提出源创新和流创新理论。

从事业合伙人的范式演进将创新分类，创业合伙人、营销合伙人、生态合伙人对应的创新分别为源创新、线创新、系统创新。源创新就是企业家率领创业合伙人团队设计一种独有的从 0 到 1 的创新产品、服务及解决方案。线创新就是在企业家及其创业合伙人团队完成了源创新的模式设计之后，需要营销合伙人团队提供外延式创新来扩大源创新的应用场景和市场规模。系统创新是依托企业成熟的事业管理和合伙人管理平台，孵化具有企业家精神的下一代生态合伙人团队。

由此，我们来看组织战略。创业期的组织规模通常较小，适合推行集中化战略，即由创业合伙人团队开展源创新经营活动，为此需要开展经营性投资。成长期的组织规模持续扩大，适合推行有限相关多元化战略，即支持营销合伙人团队开展线创新经营活动，为此需要开展战略性投资。成熟期的组织规模增长放缓到了平台期，适合推行跨界相关多元化战略，即支持生态合伙人团队开展系统创新经营活动，为此需要开展财务性投资。

（三）组织模式

在创业期，企业组织管理主要采取直线职能制模式，企业财务管理重点在核算会计，组织绩效关注商业模式构建，个人绩效关注项目任务达成，适合实施运营型组织管控。创业期实行直线职能制，便于扁平化组织管理，提高组织一体化响应能力，同时利于团队职能部门内部凝聚力和竞争力的打造，为成长期组织扩大发展成规模地积聚和培养人才。

在成长期，企业组织管理主要采取事业部制模式，企业财务管理重点在财务会计，组织绩效关注发展规模和经营利润，个人绩效关注经营任务达成，适合实施战略型组织管控。成长期实行事业部制，便于划小组织绩效单元的同时，给予事业部更大的运营管理权限，提高组织市场化响应能力，服务不同需求场景，同时利于培养中高层接班团队，为成熟期组织多元化发展成建制地培养领军人才。

在成熟期，企业组织管理主要采取平台制模式，企业财务管理重点在管理会计，组织绩效关注投资回报率，个人绩效关注团队的创新项目任务达成，适合实施财务型组织管控。成熟期实行平台制，便于进入更多事业领域，给予各项事业更大的自主权和全方位支持，提高创业创新的成功概率，保护珍稀的创业创新资源，同时利于构建企业机制化管理体系，为企业基业长青夯实支撑可持续创业创新的平台基础。

二、人力运营

（一）事业合伙人的招募

事业合伙人的招募需要从事业发展代际、合伙人所处层级、合伙人所负职能、合伙人法律身份等几个维度来划分，并由创始人或创始合伙人团队、企业决策者或高管团队负责各级各类事业合伙人的招募和选拔。

从代际来划分事业合伙人，在创业期、成长期、成熟期等不同企业生命周期发展阶段，分别招募创业合伙人、营销合伙人、生态合伙人三个不同代际所需要的事业合伙人。也就是，由不同代际的事业合伙人去完成不同阶段事业发展的历史使命。代际划分的价值在于，培养"功成不必在我"的精神境界、"功成必定有我"的历史担当。在实践中，也有把不同代际的事业合伙人分为创始合伙人、合伙人及内部合伙人、外部合伙人。

从层级来划分事业合伙人，企业在任何发展阶段，都需要招募决策层合伙人、管理层合伙人、经营层合伙人等不同层级的事业合伙人。也就是由不同层级的事业合伙人去承担相应层级的事业发展责任。在实践中，也有把不同层级的事业合伙人分类为命运共同体、事业共同体、利益共同体。

从职能来划分事业合伙人，企业在任何发展阶段，都需要招募有不同职能专长的事业合伙人，即所谓招募的事业合伙人要具有价值观相同、能力不同的特点。按照阿尔弗雷德·钱德勒在《战略与结构》一书中谈到的，美国百年大型工商企业在各个发展历程中都完成了客户端、供应端、管理端三种投资。与这三种投资相对应，企业在任何发展阶段，都需要招募客户端合伙人、供应端合伙人、管理端合伙人。也即，由具备不同职能专长的事业合伙人去承担相应职能的规划、投资及运营责任。在实践中，通常会在首席执行官之下，设置首席营销官、首席运营官、首席技术官、首席财务官，以及首席战略官、首席人力官、首席数据官、首席政务官等诸多职能的分管负责人。

从法律身份来划分事业合伙人，可以存在自然人合伙人，也可以存在法人合伙人，还可以是自然人通过法人身份来行使合伙人的权责。在创业合伙人团队中，主要几位创始合伙人可以自然人身份来担任合伙人，也可以通过自己控制的企业法人来担任合伙人。如果采取扩大股东范围甚至全员持股的方式，更多的股东合伙人的股份会被装在一个或几个持股平台里，整体上简化为一个或几个法人身份来担任合伙人。这种安排，一方面是从法理逻辑上区分命运共同体和事业共同体，为事业合伙人向命运合伙人跃迁提供发展空间，另一方面是相信命运合伙人会长期陪伴企业、休戚与共之外，给事业合伙人动态进出持股平台提供工商变更方面的便利。在营销合伙人团队中，营销合伙人通常是一个外部独立法人和独立个体，也可以是一个独立核算的相对稳定的内部团队或内部员工，这与营销合伙人的属性有关，即在不扩大企业员工规模的约束下，帮助企业快速扩大发展规模和范围。在生态合伙人团队中，通常是选择法人主体，这与生态合伙人的属性有关，即要由若干个独立的法人主体来承担创业责任和创业风险，尽管企业会以自身平台资源全方位支持生态合伙人团队创业创新。

（二）事业合伙人的使用

在事业合伙人的使用上，既存在一致性需求，也存在差异化需求。

从一致性需求来看，不管什么阶段、什么层级、什么职能、什么身份，在事业合伙人的使用上，都需要事业合伙人或事业合伙人团队非常独立地负责完成一个经营模块或管理模块。就像 IT 领域常用的"封装"概念，既然是事业合伙人，就要具有独立完成一项任务的能力，尽管所承担任务的轻重缓急会有不同，但必须具有独立解决问题的能力，这是在事业合伙人使用上要遵循的最基本原则。也就是说，事业合伙人，无论在哪个阶段、哪个层级、哪个职能、哪种身份上，都要作为组织的中坚力量来担当，具有自驱动、自组织、自管理、自激励、自约束的主动管理和闭环管理的资源和能力，这是事业合伙人内在的本质要求。

从差异化需求来看，对创业合伙人、营销合伙人、生态合伙人的使用上，存在较为明显的区别。

对于创业合伙人，一方面，由于创业是从 0 到 1 的创业创新探索过程，虽有某些方面或在某种程度上可以参照一些样板，但整体上一定是不能照抄照搬、没有先例可循的，这就是创业需求内涵的不确定性和风险性所在。另一方面，由于创业期企业资源和能力总是准备不足，甚至都不知道需要准备什么，创业合伙人独当一面，往往需要具备与创始人类似的企业家精神和企业家能力，这种很强的孤独感和无助感对每个创业合伙人都是一种巨大的挑战，当然也注定是难得的事业奋斗经历和人生体验感悟。

对于营销合伙人，一方面，由于创业合伙人团队已经基于企业的源创新确立了清晰的商业模式，营销合伙人必须做出较大的调整，在企业的既定商业模式边界下，通过线创新来开展事业，这时，无论是从创业团队中选拔出来的营销合伙人及其团队，还是从外部招募的营销合伙人及其团队，都要做出自己及所带领团队的宗旨调整，包括使命、愿景、价值观，使命和愿景相对容易调和，价值观的调整就相对困难得多。另一方面，营销合伙人及其团队必须在线创新基础上，保质保量地完成企业赋予的职责和分配的任务，因为这时基本上是多个营销合伙人及其团队之间的平行竞争，或客户细分基础上的平行竞争，所以每个营销合伙人及其团队背负的外部经营压力和内部竞争压力都很大。

对于生态合伙人，一方面，企业的事业管理和合伙人管理平台对生态合伙人具有基础性的经营辅助功能和管理支撑作用，特别是服务双面客户或多面客户的天然具有平台属性的企业，对生态合伙人的客户定位及流量支撑能力更强。另一方面，生态合伙人又必须在关联与超越企业平台既定事业领域之间找到最佳的平衡点，如果关联性做得不足，就会脱离企业既定平台资源而限于孤军奋战，如果超越性做得不足，就会湮灭在企业平台现有事业领域内而丧失了创业创新价值。

（三）事业合伙人的培养

事业合伙人的培养，首先是赋予一种基本的责任，其次是赋予一种扩大的责任。

从基本的责任角度讲，能担任事业合伙人，一定是有一定成功经验的人，给其配置的岗位一定能够很好地利用过去的经验、资源和能力。就像美国第35任总统肯尼迪在就职演讲中讲过的，"不要问国家为你做了什么，而要问你为国家做了什么"。事业合伙人首先要问自己能够为企业做些什么，而不是像传统组织中的职业经理人那样，根据企业给予的资源多少决定自己贡献的大小。这种身份的认同，决定了事业合伙人在日常执行过程中，勇往直前而不是犹豫不决，先考虑付出后考虑回报，先考虑执行后考虑请示汇报。

从扩大的责任角度讲，要通过增加事业合伙人承担的职能，给其成长空间，通过更大的空间激活更大的责任感和创造力。凡是有独立自主做事欲望和能力的人，都希望有更大的空间，所谓空间成就梦想，这对事业合伙人是最大的、最持久的激励。这种扩大的责任，在企业发展不同阶段的衔接处体现得最为明显，在创业期原本负责一个职能的事业合伙人，在营销合伙人开展运营的初期改为负责一个事业部，也就是要独立负责一个事业部的人权、财权、物权、事权、信息权的决策，尽管是在公司既定战略和政策框架之下行使权力，但仍然有很大的自由裁量权空间。同样，在成长期原本受到企业平台控制的战略决策权限，在生态合伙人开展运营的初期就忽然不存在了，因为即使在企业平台上开创一项新的事业，也是跟创业期一样，是一项没有路标的探索之旅，相当于给了生态合伙人的领军者无限的战略探索权，尽管还是要受制于企业平台的财务投资回报率和回报周期的基础性控制。企业平台基础性、约束性权力和生态合伙人团队战略性、自治性权力之间需要保持良好的交互和动态的平衡，这也是生态管理内在逻辑之所在。

（四）事业合伙人的激励

事业合伙人的激励主要包括三部分：新事业的激励、新责任的激励，以及新财富的激励。

无论是哪种事业合伙人，都要积极投身到自己主动选择的这项新事业中来。开拓新的事业本身就是一种激励，这来自人类与生俱来的好奇心和求知欲。而这种事业的创新程度与事业对合伙人的吸引力是呈正相关关系的，无论是从价值前提还是从事实前提讲，即使一个卑微的合伙人，也会怀有一颗为伟大事业而奋斗的心。遥想当年，即使在非常苦难的时代，"为中华之崛起而读书"的尚并不止敬爱的周总理一人。我们看到不少企业决策者经常感慨自己的团队没有奋斗精神，正所谓你永远叫不醒一个装睡的人，问题是企业决策者要思考的不是团队没有奋斗精神，而是自己所选择的事业宗旨是否值得团队去为之长期艰苦奋斗。企业的事业宗旨，绝不是嘴上说说、墙上挂挂、路演报告上写写，单就使命、愿景、价值观这三个要素来讲，能够做到协同规划的创始人就已经不多了，能够做到协同践行的创始人更是寥寥无几。

无论是哪种事业合伙人，都要承担更大的责任，只有更大的责任才能激发事业合伙人更大的潜能，事业合伙人的成长是最大的财富。前面谈到的两种责任问题，就第一种常规职能责任来讲，作为职业经理人和作为事业合伙人的心理感受就有很大差别，做职业经理人只要动作到位不出错即可，做事业合伙人则要自己决定做哪些动作、规避哪些风险，对承担责任的体验完全不同。至于第二种扩大了的职能责任，任何企业决策者都会优先选择赋予自己的事业合伙人去承担，这种信任是职业经理人难以获得的。

无论是哪种事业合伙人，都离不开金钱的激励。在现代社会，赚钱的能力是衡量一个人成功与否的一个重要标志。其实，从超越物质享受的逻辑看，赚钱也是做更大事业的物质基础，这是符合中国传统文化中的义利观的。从收益层面来讲，创业合伙人和生态合伙人的金钱激励主要都是来自于股权增值收益。只有把企业的市值做大，最好是做到可以很容易变现（无论是上市还是非上市），对创业合伙人或生态合伙人来讲，意味着财富自由或起码得到了人生第一桶金。对于营销合伙人来讲，平台企业提供的是一种机制，自己的收益与自己的奋斗成正比。在平行竞争体系中，营销合伙人之间的收益会有很大差异，这一点是区别于职业经理人的，职业经理人的绩效是通过精准设计的，也就是我们通常所讲的封顶值设定在目标值的120%~130%，当然托底值也会设计在目标值的70%~80%。

（五）事业合伙人的约束

事业合伙人的约束包括三部分：风控类约束、竞争类约束，以及淘汰类约束。

事业合伙人需要独立完成任务，根据责权利匹配原则，企业决策者必须赋予事业合伙人相应的权力。权力所在就是风险所在，因此需要对事业合伙人给予风险类约束。有了完整的风险控制机制，既可以防止事业合伙人越线，无论是红线还是底线，又是对事业合伙人的机制性保护，事业合伙人突然得到了相比过去更大的权力，必然缺乏权力运用所需的必备技能，毕竟事业合伙人有时候也难以区分权责利的合理情景，特别是合法边界。

事业合伙人的竞赛机制，主要体现在自己完成本职工作的效能上。如果是与其他事业合伙人一起运营同一条价值链，如果在自己的环节上没做好，拖了整条价值链的后腿，自然就算是在竞赛中落伍了，面临被调整职责的风险，通常的做法是被替换、被收编或者退居二线。如果是自己负责一个与其他事业合伙人并行的完整模块，比如负责某一个区域或负责某一条业务线，在同类事业合伙人的平行竞赛中，如果落伍了，同样面临被替换或被收编的危险，最起码在同类事业合伙人中自己的身份认同感和地位平等感会大幅跌落。

事业合伙人的淘汰机制，即如果事业合伙人违反了企业的价值观，或给企业经营带来严重的负面影响或较大损失，将面临被淘汰的风险。高处不胜寒，越是身居高位，越要约束自己的言行，这种自律本身就是作为事业合伙人在捍卫事业合伙人文化。一些事业合伙人在初期或奋斗过程中，集中精力在事业奋斗上，会不拘小节，而晋升到了更高的位置并负责带领更大的团队时，自己一言一行的影响面都大幅扩展。按照牛顿第一定律，事业合伙人自己仍然停留在习以为常的惯性之中，尚未察觉这种深刻变化，再加上恃才而骄、恃功而傲，不管是在企业的战略或运营决策上的影响，还是在日常工作或生活行为上的瑕疵，都会对企业的可持续发展造成业绩上或名誉上的巨大伤害，以及机制上或文化上的深层破坏。

第二节　创业合伙人运营

创业合伙人运营，就是以开创新事业为先，以创业合伙人的招募、使用和培养为重，围绕成功构建创新型事业模式，提供组织和人力服务。

一、组织运营

（一）组织宗旨

合伙创业的核心问题是要找到一位优秀的创始人，创始人的核心问题是要创立组织宗旨。创业维艰，而组织宗旨就是"湍流中的踏脚石，雾海中的航标灯"。只有构建了明确的组织宗旨，才能在高度不确定的创业历程中，万变不离其宗，指引组织走过危险的创业期。

首先，组织使命。创始人必须要选择一个主要面向未来主流市场需求的事业领域，定义一个当下可以服务现有利基市场需求的产品和服务组合。只有选择在未来面向主流市场需求的事业，才符合"只有大产业才能孵化大企业"的基业长青逻辑。像温氏集团，在 1983 年开始选择的养殖事业，经历了近 40 年艰苦奋斗，从自繁自育自养自销到"公司+农户"，从"公司+农场"到"公司+养殖小区"，不断升级在养殖服务领域的事业价值和发展空间，已经成为行业"巨无霸"并将长期服务于农业、农村和农民这一巨大的民生产业。像龙润集团，与元阳县委县政府合作，在 2015 年开始投资电商产业扶贫事业，成功探索了"输血"和"造血"融合、"扶贫"和"致富"并举的新型政企农合伙创业之路，从躬身践行我国过去 5 年的扶贫事业，到积极参与构建未来三十年的美丽乡村生态事业发展进程中，确确实实是在按照长期主义来服务于宏大县域社区建设工程。只有选择提供服务现有利基市场需求的产品和服务组合，才能在竞争激烈的市场中站稳脚跟、获得信任、求得生存，为未来发展积蓄力量。温氏集团创业之初，筚路蓝缕，首先完成了自繁自育自养自销的模式构建，获得了市场认可和村民信任，才有机会在后来转型升级到全面养殖服务提供商的模式，成功度过创业期，践行"造福员工、造福社会、科技兴场"的办场宗旨。龙润集团在参与元阳县扶贫之初，延续既往公益思维，首先完成了元阳红米的全国电商分销，打开了市场渠道，获得了村民信任，后来才顺理成章地与元阳县委县政府用混合所有制模式合力构建电商产业扶贫的梯田云平台，这正是龙润集团以"招之即战、尽锐出战、战之即胜"为原则，成功践行"扶贫是为了致富、致富是为了扶贫"理念所取得的短期目标成果。

其次，组织愿景。创始人必须要给创业合伙人描绘一幅企业未来的成功图景，并以愿景为牵引，规划分步实施的战略路径，集聚运营所需的资源和能力。像婕斯，温迪女士践行的婕斯梦想是"希望婕斯会员客户拥有健康的身体、延长寿命并提高生活品质"，兰迪先生践行的婕斯梦想是"为人们努力创业提供一个可以获得财富和实现梦想的平台"。以明确而清晰的愿景为基石，才在家族之外找到了三位创业合伙人。从一支赋活青春精华露、一个消费会员开始，帮到了几千万会员用户实现了"重新定义年轻"的健康梦想。像小米，雷军先生一贯倡导"和用户交朋友，做用户心中最酷的公司"，"创造商业效率新典范，用科技改善人类生活的壮丽事业"。当小米把征途定位为星辰大海，创业合伙人在一起，永远会相信美好的事情即将发生。实践证明，小米的创业合伙人团队是成功的，也为其他准备创业和正在创业的创业合伙人团队提供了可供参考的标杆和样本。

最后，组织价值观。创始人必须要给大家确立组织运行规则，并以核心价值观为驱动，形成从理念思维到行为模式的协同。就像北大纵横，王璞先生所坚守的"诚信、合作、敬业、创新、专长"价值观，一直以来持续地驱动着北大纵横，从职能制向人单合一模式的转型，从创业合伙到全员合伙的升级，从走专家路线提供全面职能服务到走行业路线提供全面行业管理解决方案，通过不断嬗变，吸引越来越多的事业合伙人加入北大纵横，帮助更多的企事业单位，"推动组织变革与成长"。

（二）组织战略

创业合伙人团队要想成功打造创新的商业模式，必须遵循"源创新"逻辑，通过"力出一孔、利出一孔"，积聚创业合伙人团队有限的资源和能力，早日实现从零到一的突破。

创业组织在制定战略时，要围绕"源创新"来确立事业方位，围绕"深挖洞"来开展经营性投资。像温氏集团，创业初期只针对三黄鸡开展饲养，然后按照"科技兴场"逻辑，从育种、营养、防疫三个主要技术方向开展科研开发和实践，提供全方位、全流程的科学养殖服务。像梯田云，创业初期只针对元阳红米开展电商分销，然后反向整合产业链，为农民提供农业投入品、田间管理、农业专业合作社、农产品加工深加工、农产品食品生产和销售、农业观光旅游等全产业链、全价值链、全生态链服务，在全国范围内开展区域农产品品牌建设。

（三）组织模式

对创业合伙人的基本要求是认同创始人的价值观，人数宜精不宜多，彼此能力互补，背靠背能独当一面。为此，创业期的组织模式主要采取直线职能制模式，企业财务管理重点在核算会计，组织绩效关注商业模式构建。

创业型组织，职能划分宜粗不宜细。像婕斯，主要分为产品端、管理端和客户端三部分职能，产品端由两名干细胞领域教父级科学家负责，一位主要负责内服产品，一位主要负责外用产品，管理端由创始人家族三人通过全球交互式电商平台负责公司的运营管理，客户端由一名营销专家独立负责。像小米，创业合伙人都是40多岁的职场成功人士，各分管一摊，各摊下面通过项目组模式开展运营。像北大纵横，先期的创业合伙人主动与后加入的业务合伙人模糊身份，均以业务合伙人为责任主体，以每个咨询项目为最小绩效单元，从2005年开始，就成功打造了人单合一组织运营管理模式。

二、人力资源运营

（一）创业合伙人的招募

面对九死一生的高度不确定的创业行为，招募优秀的创业合伙人总是很困难的事情，也是创始人必须面对、责无旁贷的挑战。同时，只有招募到了优秀的创业合伙人，并给予其足够的责任和信任，才能激发他们自主自动自发地招募更多优秀的团队成员。

创业合伙人的招募，往往是从熟人下手，主要是因为创业企业本身并没有成功商业记录，也就没有商业信用可言，唯一的信用背书就是创始人的个人信用。像温氏集团，温北英先生因为具备创业所需的扎实而全面的学识、成功的职业经历、过硬的技术和坚定的信念，很容易就招募到了十里八村的亲朋好友来积极加盟，进而带动更多村民加入。像梯田云，龙润集团是国内外知名的农业食品大健康产业集团，在云南各州县常年开展公益扶贫活动，很容易就激活元阳县委县政府下定决心布局电商产业扶贫事业，进而将更多国企民企资源和农业农民资源带到产业链生态建设中来。

创业合伙人的招募固然重要，但创业团队的招募同样重要。创业团队往往需要创业合伙人自行招募，独立组队。像温氏集团，最初创业是 7 户 8 人，创业第二年就新增了 30 多人，为留住新人，温北英邀请温氏集团 30 多位新员工集资入股，不要求入股门槛，除了筹集扩大创业期规模经营所需资金外，主要目的是要让新员工产生主人翁般的股东感觉，模糊新老员工之间的身份界限，践行"精诚合作，齐创美好生活"的大同理想。像梯田云，作为县域电商平台，单纯依靠在元阳县城招募员工，即使加强培养，一时也难以满足电商经营所需。这时，作为股东的龙润集团在省会昆明的电商团队，就可以调拨一部分人才支持元阳商城的打造，并通过省会团队和县城团队之间的交流学习和频繁互动，起到了很好的传帮带作用。即用股东龙润集团成熟团队的早期加入，换取梯田云新建团队的稳步成长。

（二）创业合伙人的使用

创业合伙人是创业期企业最核心的资源，也是为数不多的可以依赖的经营资源和管理资源。因此，创业合伙人必须像创始人一样，具有自驱动、自管理、自激励、自约束的显著特性。

创业合伙人必须独当一面，必须能够独立解决问题，进而独立完成一项任务。像婕斯，在打造全球交互式跨境电商模式的过程中，就是依靠一位创业合伙人，从零起步，裂变式招募了几千万消费会员，并在会员中发展了数十万消费商。作为婕斯全球第一人，通过独立组队、独立带队、独立激励和约束团队，展现了一种独木成林的气魄和能力。像小米，起步阶段共招募了 7 位创始合伙人，他们都是拥有数十年软硬件开发经验的工程师或设计师。为此，小米推行扁平化管理，创始合伙人班子成员各管一块，充分授权，各自全权负责自己职责范围内的一块业务或职能，其他人不予干预。这种安排的好处是责任清晰、决策效率高，前提是创始合伙人自身具备独当一面的经验、资历、能力和资源。

（三）创业合伙人的培养

创业是与时间赛跑的生命历程，大凡全身心投入创业的创始人及其创业合伙人团队，都是五加二、白加黑地争分夺秒艰苦奋斗。那么，创业期是否就意味着单纯地用人，而不是培养人呢？其实，恰恰相反，创业期是培养创业合伙人及扩大的合伙人团队的最佳时机。

从责任的角度，对创业合伙人的培养，首要的也是最重要的是被赋予了一种创业创新责任。除了极其少数的屡战屡胜或屡战屡败的连续创业者之外，大多数真正成功参与创业的创业合伙人基本上都是第一次创业，或第一次全身心地参与创业，这种创业合伙人之前大都是优秀的职业经理人或自由职业者。创业合伙人加入创业团队之后，一般都负责以前熟悉的职能板块，并适当增加一些相关职能，这是选择创业合伙人的基本目的。但即使如此，创业合伙人在创业公司面临的责任和挑战与做职业经理人的压力不可同日而语。换了平台，个人的信用也会被大打折扣，如果以前的资源关系只是泛泛之交，这时很难被高效嫁接过来，如果以前培养的能力只是上传下达，而不是自己独立在原企业内部做过创新项目或内部流程再造项目，则面对需要自己独立架构职能体系时，就会面临巨大的挑战。当然，挑战就是机遇，如果创业合伙人能够抓住这难得的机遇，就可以像稻盛和夫说的那样——"真正塑造人格的是挫折和苦难"，实现艰难苦困，玉汝于成。像小米，黎万强先生在 2000 年金山时代就创新性地建立和领导了用户交互团队，2010 年加入小米后主要负责领导用户交互职能，但面临的挑战是如何把在传统 PC 时代取得的经验再次创新性地转移到移动互联网时代。林斌在谷歌中国工程研究院做过副院长，加入小米后则是作为总裁负责整个公司的运营管理，而且是在没有谷歌强大品牌支撑的场景下来创建和领导全新的团队，开创全新的事业。

从扩大责任的角度，对创业合伙人的培养，是为企业进入成长期做准备。众所周知，企业进入成长期，面临经营场景和营业规模的指数级扩张，需要更多领军人物出现。这时，创业合伙人是否能在创业期很好地带队伍，培养一批经历创业考验的梯队人才，是创业合伙人能否被赋予更大职责的重要基础。像北大纵横，王璞先生反思公司从 1996 年创建到 1999 年只剩自己 1 名员工的深刻教训，到了 2002 年，王璞先生就自废武功，宣布最擅长谈项目拿订单的自己永久性地放弃签单权，留出机会给新的合伙人，让新的合伙人遵照"敬业"价值观通过大规模谈单获取失败的教训，从而淬炼出成功应对挑战的能力，实践"失败是成功之母"这句格言。到了 2005 年，北大纵横就达到了百人规模，到了 2020 年，几十位事业部总裁全体决定放弃签单权，给各行业中心总经理全权签单权。就是这种层层放权、层层培养的机制，推动了北大纵横走过并继续走向一轮又一轮的可持续成长，践行"推动企业变革与成长"的企业使命。

（四）创业合伙人的激励

创业合伙人之所以选择参加创业团队，一个主要动力就是从贫困走向富有的财富自由期待，在创业进程中承担责任的存在感和价值感，以及创业本身存在的高度不确定性带来的新奇和刺激。

创业的原动力就是财富自由。在这个市场经济在资源配置中起决定性作用的时代，财富代表的不仅仅是一种身价，更是一种为社会做出更大贡献的基础资本。像温氏集团，2015 年公司整体上市，总市值超过 2000 亿元，迅速成为创业板市值巨无霸，温鹏程先生等 45 名自然人拥有该集团约 49.677% 权益，其中 43 位股东预计将拥有 1.7 亿~17.1 亿元的个人财富。

创业本身是一种担当。参与其中，特别是搏浪于融入家国情怀的发展洪流中，本身就是一种修齐治平的最高认可。像梯田云，无论是一直以做公益为己任的龙润集团，还是以造福一方百姓为宗旨的元阳县委县政府，或是参与其中的地方国企元阳县粮食购销公司，以及各村镇的红米合作社的带头人，都在走出乡土贫困走向美丽乡村历史进程中留下了自己的热血、辛劳、汗水和足迹。

创业更是一个探索之旅。参与其中，本身就是一种迷人的创造性体验。类家族的归属感本身就是一种有效的激励。像小米，2010 年，北京科技大学工业设计系创办人刘德老师，放弃了高校安稳的工作环境，加入到小米，就是要在一个更大的梦想舞台上激发自己的潜能，实现更大的人生价值，探索更美好的事业感悟。

（五）创业合伙人的约束

对创业合伙人，要给予足够的激励，更要给予足够的约束。激励和约束相辅相成、互为表里，对这一点，创始人和创业合伙人必须都要有深刻而清醒的认知。获得开创事业的机会，同时也面临承受淘汰的约束，获得责任的机会，同时也面临承接竞争的约束，获得利益的机会，同时也面临承担义务的约束。

创业合伙人，必须受到义务约束。从外部有效性来看，创业合伙人团队必须为企业的客户负责，这是企业存在的基础义务，创业合伙人必须为自己承担的职能负责，这是合伙创业的核心义务。像婕斯，六位创始团队成员，各履其职、各尽其责。产品端的两位创业合伙人，分别独立负责婕斯内用品和外用品的产品研发，为会员客户提供诺贝尔奖级别的产品；管理端的两位创始人带着而立之年的儿子，分别负责婕斯平台策略和平台运营，为会员客户和消费商提供全球顶级的全球交互式电商平台服务；负责客户端的创业合伙人，负责为会员客户提供全消费周期的消费服务，在此基础上负责为消费商提供全经营周期的经营服务。

创业合伙人，必须受到竞争约束。整体来看，创业合伙人团队必须团结一致，披肝沥胆地在市场中与竞争对手开展全方位的竞争，这对创业合伙人团队是一种非常大的约束和压力。具体来看，创业合伙人内部同样需要开展平行竞争，通过竞争，促进大家找到更适合自己的职能来为团队做贡献，甚至退居二线直至离开，以捍卫内部开放竞争的创业文化。像小米，8位创业合伙人团队成员，背靠背各自分管一块职能，短短几年内就在外部市场的竞争中脱颖而出，背后是创业合伙人内部职能分工的快速动态调整，有的调整是在一线职能之间横向调整，有的是在一线业务和二线业务之间纵向调整，有的是为了捍卫创业文化而主动选择离开小米做出的内外调整。

创业合伙人，必须受到淘汰约束。浅显地看，达不到超高强度要求的创业合伙人，会在创业期主动或被动地离开企业。深入观察和深度思考一些优秀的企业，其创业合伙人甚至创始人都是在创业过程中不停地自我淘汰"既得能力""既得权力""既得利益"，通过不停地自我否定，自我淘汰，牺牲小我，成就大家，推动组织持续变革成长，甚至涅槃重生。像北大纵横，初创团队只剩下王璞先生一人，所有老师放弃在一线做咨询而回归教学领域，大部分学生放弃在利基市场上的坚持而转行政府部门、实体企业甚至出国留学。2002年，二次启动创业初期，王璞先生就在自己最擅长的获取订单职能领域实施了自我淘汰，打开了培养业务合伙人的大门。2003年，创业合伙人团队在自己最有话语权的股权收益领域实施了集体自我淘汰，让利给后来的业务合伙人，消弭了不同阶段加入的创业合伙人之间的鸿沟和内耗，自我革命掉了很多人都引以为豪的创始合伙人的身份。

陈江先生、张伟先生作为北大纵横创始合伙人，也是早期职能部门的创立者，在人单合一的模式打造过程中，都放弃了自己的职能管理权力。

第三节　营销合伙人运营

营销合伙人运营，就是以扩大事业规模和范围为先，以营销合伙人的招募、使用和培养为重，以企业源创新成果为基点，围绕最大化线创新应用场景，提供组织和人力服务。

一、组织运营

（一）组织宗旨

创业合伙人团队，在选拔和培养营销合伙人的进程中，必须始终明确和捍卫组织宗旨，积极推动组织宗旨的传播和赋能，谨防组织宗旨被带偏或被稀释。

首先，组织使命的升级。走过创业期，进入成长期，组织将从开拓利基市场进程中以服务种子用户、战略用户为主，转向服务即将到来或已经到来的主流客户。创业合伙人团队必须招募和引领营销合伙人团队，并与营销合伙人团队一起，推动组织使命升级。像温氏集团，随着合作养殖户的加盟，组织使命从造福员工，扩大升级到造福合作养殖户，即本书理论体系中所谈的营销合伙人。为捍卫温氏集团的使命，温氏集团创业合伙人围绕"公司+农户"模式，沿着养殖全过程和育种、营养、防疫三大技术，全方位系列化地升级养殖社会化服务技术和服务体系。像梯田云，基于扶贫电商的初步成功运营，开始构建"元阳商城"电商平台和推广矩阵，包括政府基础设施建设资源的有序导入，村镇合作社的规模化组建，推动产业经营从红米发展到梯田鸭蛋、板蓝根药材、茶叶、生猪等多种经营。

其次，组织愿景的落地。走过创业期，进入成长期，组织的核心队伍以创业合伙人团队为基石，增加了营销合伙人团队，组织开始逐步凝聚更大的团队力量。像婕斯，围绕分享婕斯的健康理念和科技使命，分享会员重返健康的感人故事，分享婕斯全球交互式网购新生活方式，推动婕斯的会员从一人发展到几千万人，产品从一款发展到十几款。正如婕斯全球策略总裁刘易斯倡导的，"婕斯大家庭正在创造一个全球运动，结合志同道合的领导者，统一精神，并抱着为世界建立积极正面影响的共同使命。"

最后，组织价值观的传承。走过创业期，进入成长期，组织的价值观已经被创业合伙人团队接受和践行，这时的关键是将组织的价值观从创业合伙人团队传承给营销合伙人团队，这是组织扩大成长并同时保持凝聚的底层原动力体系。像小米，随着一款又一款爆款手机的上市，小米的参与感从主动吸引发烧友，到主动组织小米同城会，持续扩大参与粉丝的规模，从线上到线下，不断丰富粉丝参与的活动和参与的方式，营销合伙人从发烧友扩展到社群运营领袖。像北大纵横，最开始倡导的是"合作、敬业、创新"三个核心价值观，随着公司经营规模和业务合伙人队伍的扩大，2002年公司增加了"诚信"价值观，随着合伙人和咨询顾问的能力不断增强，2006年公司增加了"专长"价值观。如今，北大纵横的各项重大决策都是基于"诚信、合作、敬业、创新、专长"五项价值观，并用《北大纵横宪章》的形式固化下来，不断充实优化，使之更长久、更深刻地得以传承。

（二）组织战略

打造营销合伙人团队，需要创业合伙人团队以创业期成功打造的"源创新"事业模式为基础，开展"线创新"，以期实现在更广泛的线性应用场景扩大产品和服务的使用规模和应用范围。

创业合伙人团队在制定营销合伙人团队的组织战略时，要链接企业的"源创新"战略与营销合伙人团队的"线创新"战略，开展战略性投资。像温氏集团，在成长期，基于温氏集团的全方位养殖服务平台，鼓励营销合伙人，即合作养殖户，制定自己的经营战略，包括建设养殖服务基础设施。基于温氏集团的服务平台，合作养殖户专注于养殖过程管理。这种线创新按照有限相关多元化逻辑，逐步从三黄鸡的养殖延伸到肉猪养殖、肉牛养殖等多元化养殖领域，从多个品种来扩大温氏集团对线创新场景的综合服务范围。像梯田云，在成长期，基于梯田云成功构建的遍布全国的电商矩阵基础，推动县委县政府投资于基础设施建设，推动农业带头人组织农民建设农业专业合作社，推动国企粮食购销公司开展多元化的粮食加工和深加工能力建设，吸引多个产业链上的资源主体，共同投入以求做强产业扶贫价值链、资源链，反向强化扶贫电商产业链、价值链，共同打造电商产业扶贫品牌链、生态链。

（三）组织模式

对营销合伙人的基本要求是认同创业合伙人团队制定和践行的企业价值观。但因为营销合伙人及其团队人员规模通常非常庞大，具体的团队管理就主要交给营销合伙人去执行。为此，在成长期，企业组织管理主要采取事业部制模式，企业财务管理重点在财务会计，组织绩效关注发展规模和经营利润。

创业合伙人团队在设计营销合伙人团队的组织模式时，更倾向于让营销合伙人团队自组织、自运行、自管理、自激励、自约束。像婕斯，通过构建全球交互式电商消费和经营模式，让消费者和消费商在共享经济时代，通过先人后己，达人成己，互相成就，抱团成长。同时，婕斯按照经营绩效划分消费商层级，针对不同层级开展相应的经营和管理培训，就像可持续性 MBA 终身教育。像小米，通过支持发烧友、城市社区领袖开展社区营销，不仅给产品发烧友提供了一个交流学习的机会和平台，更给热心的公益发烧友提供了在社区打造个人 IP 的机会和平台。一些城市社区领袖也会根据双向选择原则成为小米内部员工，践行"为发烧而生"的"一切源于热爱"的价值原则。像北大纵横，通过构建人单合一经营管理模式，在不同时代，随着咨询需求从规模化逐步向专业化、产业化升级，北大纵横持续打造渠道营销合伙人、产品营销合伙人、社区营销合伙人。通过打造不同类型的营销合伙人，在帮助企业客户变革与成长的过程中，不断积累更多的多元化合伙人，同时推动北大纵横自身的变革与成长。

二、人力资源运营

（一）营销合伙人的招募

创业合伙人的成功是营销合伙人招募的基石。营销合伙人招募的核心是创业合伙人要为营销合伙人的经营模式做好解决方案式的设计，以便营销合伙人在加入之初即可以框架性地掌握未来事业全貌。

营销合伙人的招募，一种方式是平行招募。当然，存在招募的时间先后顺序，以及学习曲线积累过程。像温氏集团，从第一个合作养殖户开始，后面陆续增加新的养殖户，基本都是夫妻店，一对夫妻往往经营 1~2 个鸡舍，5000~10000 只肉鸡的养殖规模。农村是一个熟人社会，只要有一两家合作养殖户成功，就会有批量的养殖户参与到合作养殖体系中来，复制方式简单高效。随着养殖户的逐步增加、合作关系的日益深入，温氏集团就可以不断积累服务经验，不断增加技术和生产领域的持续投资，这反过来利于给合作养殖户提供更好的服务。同时，利用学习曲线，在各个环节螺旋式地持续提高温氏集团的运营效能，与营销合伙人实现可持续的共赢。

营销合伙人的招募，另一种方式是线性招募。当然，存在不同线性同时运营，以及互相借鉴、互相帮助。像梯田云，首先围绕红米这一单一产品，从公益电商做起，通过混合所有制平台建设，建立本地扶贫电商体系。有了本地扶贫电商企业，就开始整合元阳县委县政府的各项资源，整合红米专业合作社的各项资源，整合元阳县粮食购销公司的各项资源。在红米营销合伙人体系线性发展的过程中，元阳县的稻田鸭蛋、茶叶、板蓝根药材、肉猪等各条产业先后启动，并或多或少地参照和利用了红米产业链的各环节资源，同时也丰富充实了红米产业链各环节的经营范围和经营实力。多线条的齐头并进，共同做大县域大农业食品产业生态。

（二）营销合伙人的使用

营销合伙人是成长期企业最核心的人力资源，也是数量众多、差异较大的经营资源和管理资源。在营销合伙人的使用上，既要加强规范性使用，又要加强持续性使用。

创业合伙人团队必须为营销合伙人提供规范性要求，以使营销合伙人开创事业之初和事业发展进程中均有法可依、有章可循。像婕斯，在招募第一个会员合伙人之初，即构建了全球交互式跨境电商经营平台，并在电商系统内嵌了可长期稳定运行的会员管理系统、会员人机交互系统、会员与会员交互系统。在十几年的运营进程中，婕斯的全球交互式跨境电商运营系统的底层逻辑和会员服务规范基本没有大的变化。这种规范性很好地稳定了老会员的消费情绪，也很好地帮助了会员合伙人分享和吸引更多的潜在用户加入婕斯系统。

创业合伙人团队必须为营销合伙人提供持续性的事业发展空间，可以是产品范围的扩大，也可以是市场范围的扩张。像婕斯，正是有了足够扩展空间的细胞优化系统的事业选择，以每年一款诺贝尔奖级别的产品问世，为各级会员合伙人不断提供可扩展的产品组合。正是婕斯的全球交互式跨境电商平台架构，为会员合伙人在全球开拓市场，从高端医生和富人用户开始，逐步向更广大的中产阶级市场扩张，提供了足够的成长空间。

（三）营销合伙人的培养

就像企业创始人招募创业合伙人，需要的是即战力，企业招募营销合伙人，需要的也是即战力，因为此时，企业急需营销合伙人枕戈待旦、开疆裂土。同样，就像创业期是创业合伙人培养的最佳时期，成长期是营销合伙人培养的最佳时期。

从规范性角度，创业合伙人团队要为营销合伙人建立各种战略和运营规范，这种规范既包括彼此的分工，还包括彼此的协作。正是在这种分工与协作过程中，创业合伙人及其团队执行对营销合伙人的培养过程。像小米，从培养发烧友到培养城市运营领袖，从自营零售体验店到加盟零售体验店，在不断扩展中，深化分工，强化协同，共同成长。

从创新性角度，创业合伙人团队既要给营销合伙人以创新的成长空间，又要在经营和管理能力上帮助营销合伙人不断突破自己。如果说规范性协作是对营销合伙人的文化同化的过程，创新性支持就是对营销合伙人能量升维的过程。像北大纵横，在规范性上，通过一以贯之并不断优化的人单合一经营管理模式给新老营销合伙人提供具有较强延续性的文化认同。同时，通过持续升级渠道营销、产品营销、社区营销模式，不断赋能营销合伙人，与公司共同升维能量并发展壮大。

（四）营销合伙人的激励

创业合伙人团队对营销合伙人团队的激励主要包括三部分：开展新事业的激励、获取新财富的激励、学习新动能的激励。

营销合伙人加盟的根本动力，就是创业合伙人打造的"源创新"事业势能。通过加盟一个可见成功的优秀平台，助力营销合伙人相对轻松地开启事业之旅。像温氏集团，正是温氏集团打造了全方位养殖服务平台，并由温氏集团托底各种经营风险，养殖户只要加盟，就大概率成功。

营销合伙人加盟的基本诉求，就是获取风险可控的新财富。像梯田云，正是龙润集团以公益理念开启了元阳红米电商分销之路，元阳县委县政府看到了基础设施投入的低风险和可见成功的有效脱贫回报，村镇农业带头人看到了成立农业专业合作社的低风险和可见成功的有效投入回报，元阳县粮食购销公司看到了销路就不怕规模粮食采购，不怕升级改造传统加工设施。

营销合伙人加盟的长远利益，可以依托创业合伙人打造的企业平台得以实现。像梯田云，通过混合所有制，把"源创新"的总部设立在元阳县内，由本地国企控股，是典型的本土化总部，这种长远规划和长期投入的底层建构，给了元阳县委县政府、县域国企和民企、农民专业合作社及农户等产业链上诸多主体以信任和信心。特别是，梯田云构建的元阳商城电商矩阵从县城逐步下沉到乡镇及村庄，这个"源创新"平台已经和各级合作主体融为一体，相融共生地走向长远而光明的未来。

（五）营销合伙人的约束

营销合伙人，由于是在创业合伙人团队开创的企业平台之上开展经营，必然要受到企业经营模式和管理模式的约束，具体体现在经营规范约束、管理协同约束、分配机制约束。

营销合伙人，必须遵守企业平台设计的经营规范，才能形成形散而神聚的科学与艺术般的协同。像婕斯，在婕斯做营销合伙人，会受到很多经营规范的约束。婕斯的各级会员合伙人在招募和服务新会员的过程中，要遵循"事实讲述、故事分享"原则，事实是对大脑说话，故事是对心灵说话，要求介绍婕斯产品要基于科学的事实，不可编造产品功能，要求分享消费体验要基于消费商个人真实的消费故事，不可夸大产品实效。加之，婕斯分享往往是在熟人之间进行，熟人社会关系带来的信用压力，以及彼此熟悉的基础更容易对个人健康改善的故事的真实性进行持续性跟踪、近距离判断。

营销合伙人，必须遵守企业平台设计的价值链角色，才能形成全产业链的大协同。像小米，从产品研究到技术开发，从市场推广到渠道销售，从客户服务到社群运营，各环节都在加强价值链的规模和范围。要想分享小米平台的效能，营销合伙人就要遵守小米的价值链角色设计，在全产业链大协同体系中，承担好自己应尽的职责，获得相应合理的收益。

营销合伙人，必须遵守企业平台设计的分配机制，才能保证整个平台信用的有效运营。像北大纵横，自从确立了人单合一经营管理模式，营销合伙人就要遵守两个原则：一个是独自负责每一单咨询服务的端到端的业务和财务的执行，并接受端到端的监管，这是平台业务、财务以及人力风险管控的主要手段。另一个是营销合伙人必须按照规则按照比例缴纳平台运营分摊的费用，尽管平台尽可能地向营销合伙人团队让利，但还是要优先保障平台的稳健和可持续运营。

第四节　生态合伙人运营

生态合伙人运营，就是以生态创业创新事业为先，以生态合伙人的招募、使用和培养为重，以企业经营和管理平台为支撑，围绕事业模式系统创新，提供组织和人力服务。

一、组织运营

（一）组织宗旨

创业合伙人团队协同营销合伙人团队，在招募、使用和培养生态合伙人的进程中，必须始终明确和捍卫组织宗旨，积极推动组织宗旨在社会文化系统变迁大潮中得到可持续的升华和发扬。

首先，组织使命的扩展。无论企业发展到什么阶段，为客户创造价值这一使命必须坚守，不得轻易改变，这是企业价值存在的根基。像温氏集团，"造福员工、造福社会、科技兴场"的宗旨不会轻易改变，只是随着客户需求的转变而随需应变。温氏集团服务的部分现有客户和潜在客户，正在从传统的夫妻养殖户，向现代家庭农场转型升级，温氏集团的服务就从全面养殖服务转型升级为科技服务和资本服务双轮驱动，由过去的人力为主转为科技为主，由过去的养殖户出资为主转为温氏集团资本扶持为主。像梯田云，在2019年底元阳县实现整体脱贫摘帽之后，"扶贫是为了致富、致富是为了扶贫"的初心不会轻易改变，一方面继续奋斗，防止返贫，另一方面通过乡村振兴，拉升群众最低生活标准，集体致富的需求反而变得更加强烈。为此，梯田云作为电商产业扶贫平台，未来在乡村振兴事业领域的奋斗依然任重道远。

其次，组织愿景的充实。组织的愿景总是追求美好，而愿景的一步一步推进总是凝聚一代又一代团队的力量与贡献。像婕斯，在成功地将婕斯细胞优化系统的系列产品推广到全球之后，持续招募优秀的诺贝尔级的干细胞抗衰老类产品，不断激活优秀会员的内在潜能，在链接产品端和消费端方面协同深化努力，稳步发展全球领域内更广泛、更长久的健康事业。

最后，组织价值观的坚守。像小米，即使是生态链上的参股企业，也要求遵从小米的价值观，就像雷军先生经常承诺的那样，智能硬件的利润率不超过5%，这就是用一个生态体系去坚守一个初创期确立下来的价值观。像北大纵横，为守护企业的核心价值观，在2020年出版了《北大纵横宪章》，用公司内法的形式坚守自己的核心价值观，以保证在知识分子云集的庞大合伙人团队中，形成主流的思维模式和规范的行为方式，减少内耗，形成合力。

（二）组织战略

打造生态合伙人团队，需要以创业合伙人团队和营销合伙人团队打下的经营基础和管理基础为支撑，开展系统创新，实施平台战略和运营。

企业在制定和执行平台战略时，要链接企业平台的"系统创新"战略与生态合伙人团队的"源创新"战略，开展财务性投资，依托企业成熟的经营体系和管理平台，孵化具有企业家精神的创新创业团队。像温氏集团，通过为家庭农场投资经营者提供从实业到资本的多重支持，并与政府合资合作建设养殖小区，扶持新农人在更高层面进行创业创新，推动整个国家的农业经营模式升级换代。像梯田云，通过构建元阳电商产业园和物流中心，升级传统电商产业扶贫平台，为元阳县委县政府开展社区数字化治理提供综合数据服务，帮助元阳县内农业产业组织系统打造元阳农产品矩阵提供综合品牌服务，为元阳县新农人创业创新提供从大电商、大产业到大文化、大健康、大生态的综合扶持。

（三）组织模式

对生态合伙人的基本要求是认同创业合伙人团队制定和带领营销合伙人践行的企业价值观，但因为生态合伙人及其团队要负责开启新一轮的源创新，不适合受到企业平台过多的干扰，从战略到运营，几乎完全由生态合伙人自行规划和执行。为此，在成熟期，企业组织管理主要采取平台制模式，企业财务管理重点在管理会计，组织绩效关注投资回报率。

企业平台在制定生态合伙人团队的组织模式时，更倾向于让生态合伙人团队自行招募创业团队，自行构建组织，自行开展经营和管理，再由平台提供全产业链、全价值链的支持和服务。像婕斯，不过多参与各种创新性干细胞技术创新和产品研发，主要通过产品测试和专业评估决定是否纳入婕斯全球交互式电商平台来开展长期推广，主要通过婕斯大学和各级会员赋能辅导，推动各级会员自主自动地发展壮大。像小米，遵循"只参股不控股、只提建议不做决策"原则，对产品技术创新和产品研发进行全程参与，但重点在产品测试和产品推广，必须符合小米严格的选品标准，才能纳入小米的市场推广和零售系统。这既是对小米品牌负责，也是对零售合伙人负责，更是帮助生态合伙人自我加压、自我提升，在小米擅长的领域为生态合伙人打造独角兽产品和品牌提供系统支持。像北大纵横，王璞先生一方面通过"三无四不"自我革命，另一方面通过"放权、让利、给名、施爱"八字方针，加上"自由、民主、平等、包容"的组织氛围，驱动北大纵横的事业合伙人体系向生态合伙人转型升级，通过生态合伙人的群体奋斗，打造一个枝繁叶茂的智库集合体。

二、人力资源运营

（一）生态合伙人的招募

创业合伙人和营销合伙人的成功，是招募生态合伙人的基础，生态合伙人招募的核心是基于创业合伙人与营销合伙人共同践行的企业宗旨和平台战略，以便生态合伙人在加入之初即可以框架性地掌握未来双方事业链接的逻辑。

生态合伙人的招募，一种方式是内部招募，即通常所说的内部创业。有些具有企业家精神的职业经理人，很渴望有机会践行开创一项自己主导的事业的欲望，但由于自身资源有限和能力不足，还需要依托一个成熟平台的扶持。内部创业因为对企业平台和人际关系熟悉，借力平台资源更容易，但也因为太熟悉，所以容易影响和限制内部创业者及其团队的创新视角和创新力度。像温氏集团，就鼓励传统养殖户转变经营思维，开创现代家庭农场，同时通过投资自动化设施，减轻养殖劳动投入和时间投入，打造适应未来需求的经营模式，系统地帮助养殖户跟上公司发展的步伐。

生态合伙人的招募，另一种方式是外部招募。像梯田云，一方面鼓励更多元阳在外成功人士返乡创业，开展"邀老乡、回故乡、建家乡"活动，扶持更多种养大户、家庭农场、新型农业合作组织；另一方面，通过以电商平台为基础，支持外部资本和人才，参与建设哈尼梯田绿色食品园、哈尼小镇、哈尼文化产业园，以可持续发展理念，稳步推动田园综合体、美丽乡村、数字农村建设，把生态资源创造性转化为生态经济。

（二）生态合伙人的使用

生态合伙人是成熟期企业面向未来事业增长的人力资源。为此，在生态合伙人的使用上，既要与平台现有业务协同以扩大整体业务规模，又要升级平台现有业务以系统创新未来业务范围。

平台企业与生态合伙人合作，首先要保障生态合伙人的创新业务与平台现有业务之间的兼容与协同。像小米，基于小米手机、小米电视、小米路由、小米移动互联网软件和物联网软件，发展消费互联网产业，这就需要大量智能硬件产品和服务的加入。同时，小米通过赋能智能硬件创业类企业，加强了彼此产品与服务的兼容，加强了彼此协同效率，进而大概率实现共赢。

平台企业与生态合伙人合作，还要有利于帮助平台企业持续升级现有业务价值。像婕斯，一开始只是推广纽曼的赋活青春精华露单一产品，这是一种外用干细胞再生产品。当婕斯系统运作半年后，蒋帕帕也观察了半年，决定将自己研发的内用细胞修复和细胞再生产品纳入婕斯平台上来。再后来，德雷波也把他的激活脊髓干细胞进而促进软组织再生的 Blu 产品带到了婕斯平台。就这样，婕斯平台不断吸引新的产品端生态合伙人，推动婕斯产品线不断丰富，并且围绕抗衰老这一主题不断进行产品线升级，推动婕斯始终保持在全球干细胞抗衰老产品应用领域 10~15 年的领先地位。

（三）生态合伙人的培养

不同于创业合伙人和生态合伙人培养的即时性和即战力要求，企业平台对生态合伙人的培养资源更富饶，心态更从容。不仅能利用企业平台资源和能力来培养生态合伙人，还能利用企业平台机制来激活生态合伙人内在潜能。

从全价值链赋能视角，企业平台可以从战略到运营、从产品到营销、从人力资源到财务资本、从法务到数据等多个维度全方位立体式培养生态合伙人。像小米，在 4G 时代来临之际，看到了家庭消费领域物联网的战略价值，从而用小米的平台资源，赋能给生态合伙人的硬件产品以智能价值。同时，帮助生态合伙人从事业领域选择与定位、产品定义与研发、生产运营与营销，提供各种资源和能力支持，不断赋能给生态合伙人，驱动他们从寄生在小米平台，到与小米现有产品互生，及至再生成为独角兽企业并打造自己的生态平台。

从赋能与聚能融合视角，企业平台可以对生态合伙人成长进行生态管理，激活生态合伙人内在潜能。像北大纵横，作为一家国内最大的管理咨询平台，近些年重点培养三类生态合伙人。第一类是城市主任，这类生态合伙人的主要功能是融入各地城市社区，在社区中提供公益性和营利性智力服务，为各地城市社区建设贡献有区域特色的智慧和力量，是北大纵横内部的一种创客力量。第二类是行业中心总经理，这类生态合伙人主要功能是贴近各行各业各类企业的战略和运营实践，并提供有行业特色的咨询和培训服务，是北大纵横内部的一种创利力量。第三类是研究院院长，这类生态合伙人主要功能是根据各自爱好和特长，长期就某一个管理职能领域进行深度研究，提炼该领域的管理理念、方法和最佳实践，为政府、企事业单位提供有专业职能特色的智库服务，是北大纵横内部的一种创新力量。

（四）生态合伙人的激励

企业平台对生态合伙人团队的激励主要包括三部分：开展新事业的激励、获取新财富的激励、培养领导力的激励。

创业维艰，九死一生。为此，很多有创业创新想法的人，往往败于进退失据错失良机，或止步不前半途而废。企业平台的资源和能力，给了企业内部和外部想创业的生态合伙人及其团队以信心，并切实通过全方位的辅助和支持帮助他们提高成功概率。像温氏集团，最近几年一直致力于培育家庭农场，这种生态合伙人，无论是事业的设计，还是资金的筹集，都得到了温氏集团的支持，这对想要超越父辈生产生活方式的新农人，温氏集团对家庭农场事业的扶持，对他们是一种极大的激励。

想在企业平台上创业的生态合伙人，都有获得更大财富的冲动。风险和收益是成正比的，幸运的是在企业平台上创业创新，只要得到平台的认可，大概率可以成功，也大概率可以获得比做职业经理人更多的财富。像梯田云，正是有了梯田云这个平台，让更多新农人、更多合作社成员、更多社会资本看好元阳这片创业创新价值洼地，积极参与到元阳县域美丽乡村建设和创富潮流中来。而正是这种积聚效用，反而又进一步激活了县域市场，无论是供给侧、需求侧，还是管理侧，都在打造更为富饶的产业链和创新链。

创业是孤独的，在平台上创业正好可以弥补这种缺憾。依托平台，不仅可以依靠平台上的供应端、客户端、管理端资源，还可以从平台过去成功经验中汲取营养，在平台的支撑下，领导好自己的团队，逐步走过寄生、互生、再生三个发展阶段。像小米，刘德率领的投资团队均是研发工程师或产品经理出身，天然地可以和科技型创业团队开展无障碍沟通，从技术到经济，从创业期的投资支持到成长期的推广支持，始终是生态合伙人高水平领导团队的全程战略合作伙伴。

（五）生态合伙人的约束

生态合伙人，由于是在企业平台之上开创自己的事业，并且还要与平台已有业务和品牌相协同，因此，生态合伙人在依托平台开展规划、投资、运营过程中，必然受到创客能力约束、创利能力约束、创新能力约束。

生态合伙人，无论是进入平台还是在平台上经营，都必须具有足够强的创客能力。像婕斯，创建的初心就是要推广诺贝尔级的细胞优化系列产品，为此，婕斯供应端的生态合伙人想要进入婕斯的经营平台，一是要符合婕斯抗衰老类干细胞产品范畴，二是要针对在干细胞应用的某个细分领域具有独特的价值主张。只有顶级创新品质的产品才能被邀请加入，每个新加入的产品必须能够自带流量，并与平台上现有产品形成差异化优势，同时互相补充和互相引流。婕斯客户端的生态合伙人，从消费型会员向分享型会员、创业型会员发展过程中，必须依靠自己的努力奋斗，不断招募更多的会员客户，以及培养更多合格的分享型会员、创业型会员。想要在婕斯平台上创业成功，就得可持续地、不停歇地分享创客，这是一种自由职业者必须自驱动的无形而真实的约束。

生态合伙人，作为独立自主的经营主体，尽管有企业平台的扶持，但还是要自己具备在市场竞争中盈利生存的能力。像小米，进入小米生态链上的企业，大都是具有独特价值主张的生态合伙人团队研发的优秀智能硬件以及生活用品。小米低价让利的客户导向经营模式，迫使小米生态链企业必须具备在远高于竞争对手的品质同时远低于竞争对手价格的平衡中研发、生产和销售，还要能保持盈利能力。这就迫使生态合伙人必须具备极限生存能力，不仅在各个环节打造最优效率，还要在整个价值链设计、开发和运营过程中，都要做到性价比最优。正是这种魔鬼压迫，帮助小米成功培育了几百家优秀的生态合伙人，其中还培育出十多家独角兽企业。

生态合伙人，一方面可以依托企业平台发展；另一方面必须具有较强的创新能力，如若沦为平庸，不仅会被客户抛弃，在平台上也失去了立足的资本。像北大纵横，三类生态合伙人都要时刻牢记"创新"这一北大纵横核心价值观。现在是社区协同时代，城市主任必须在社区建设和服务领域不断创新，从后 MBA 到私董会，从邀请其他合伙人做讲座到开展线上直播课程，都要利用北大纵横平台资源，不断探索社区沟通和社区服务新模式。现在是产业链为王时代，行业中心总经理必须融入特定产业链构建和优化进程中，基于产业链研究创新链，基于创新链研究生态链，给产业内领军企业，以及在某个价值链领域具有独特优势的企业提供多种咨询和培训服务。现在是智库引领时代，研究院院长必须对所研究的专业管理职能领域有足够的历史文献研究能力，并基于历史和现状，基于天人合一的哲学思维，前瞻性地给出未来可以成功，起码可能成功的管理理念和方法论，才能给政府、企事业单位以及企业家和高管提供高质量的管理顾问服务。

第五节　事业合伙人文化

在企业生命周期进化过程中，不同事业发展阶段，需要招募不同类型的事业合伙人。不同类型的事业合伙人，会带出不同风格的团队，从而形成自上而下的企业文化。

我们从结果导向、领导角色、员工角色、工作平台、工作内容、工作报酬、跨界关系七个维度来讨论事业合伙人文化管理。

一、结果导向

在市场竞争中，我们常说成败论英雄，讲的就是结果导向。但在企业实际运营过程中，事业合伙人做事，以及团队成员做事，追求的结果在不同发展时期会有不同导向。

在创业期，创业合伙人的结果导向是创始人满意。创始人是创业企业的运营主导者。创业环境和客户需求是高度不确定的，为此，创始人在企业宗旨的引领下，经常要动态调整做事方向和目标，动态评估进度和成效。由于创始人不能总是给出明确的方向和目标，创业合伙人做事就主要追求创始人满意。相应地，创业合伙人的做事方向和目标也是动态调整的，其带领的团队成员做事同样要追求创业合伙人满意。创业过程，就是创始人带领创业合伙人、创业合伙人带领团队成员筚路蓝缕、走出混沌的过程。在创业过程中，自上而下经历了长期动态交互和模糊协同，创业团队内部对彼此的认知和理解非常全面而深刻。在实践中，我们经常观察到，每当企业处于危机时刻，一些创业元老总是能够挺身而出，挽狂澜于既倒，扶大厦于将倾，这不仅与其对公司底层架构更加熟悉有关，更与其在混沌的创业历程中养成的责任感和担当精神有关。

在成长期，营销合伙人的结果导向是事业部满意。到了成长期，企业事业模式初步确立，主要目标是快速进入和占领各个场景市场。营销合伙人的职责就是在事业部的领导下，在各个场景市场扩大事业部产品和服务的应用范围和市场规模。相应地，营销合伙人团队成员的职责就是在营销合伙人领导下，在既定场景市场内，聚焦和占领更细分的市场和客户。在实践中，营销合伙人，无论是内部营销合伙人还是外部营销合伙人，本质上都是营销中间人，在事业部和客户之间担当桥梁纽带职责，在给客户赋能的同时，给事业部聚能。

在成熟期，生态合伙人的结果导向是用户满意。到了成熟期，企业平台作为生态合伙人的投资人，对生态合伙人充分授权。这时，生态合伙人的主要方向和目标就是社区用户，只有搞定社区用户的生态合伙人，才能得到企业平台的认可。和创业期类似，生态合伙人的团队成员，主要职责就是陪着生态合伙人在用户社区中筚路蓝缕、走出混沌，他们自然要以生态合伙人满意为导向。和创业期不同，生态合伙人及其团队成员，因为要争取企业平台的资源和能力支持，这就需要在一定程度上遵循企业平台设定的一些战略边界和运营规范。

二、领导角色

当今世界，领导力是非常重要的一种推动企业成长和团队成功的力量。在事业合伙人管理体制下做事，对管理的需求相对弱化的同时，对领导力的需求相应增强。

在创业期，创始人为保障创业成功，对创业合伙人的要求通常很高，并且亲自扮演监督检查的领导角色。同样，创业合伙人为保障创始人交办的任务按时完成，对下属团队成员也是亲自扮演监督检查的领导角色。这种严格的监管检查式领导，一方面能最大化地保证创新产品和服务的结果最优，另一方面能够打造较强的团队凝聚力和文化影响力。

在成长期，创业合伙人团队对营销合伙人的要求主要是经营业绩，通常是营收和利润。这时，企业主要靠制定目标激励机制以及平行竞争机制，驱动营销合伙人向着营收和利润目标奋斗。为保证营销合伙人拥有实现目标的态度和能力，创业合伙人需要制定教练辅导机制，一方面帮助营销合伙人持续提高自身能力，另一方面引领营销合伙人增加对企业文化的认同感。同样，营销合伙人也会对团队成员提出清晰明确和有挑战性的业绩要求，同样会引入目标激励机制以及平行竞争机制，同时引入教练辅导机制，来保证每个团队成员有意愿、有能力、有保障地完成营收和利润业绩目标。

在成熟期，企业平台对生态合伙人的要求主要是开创一项新的产品或服务，增强企业平台的生态价值。这时，企业平台会从投资回报率和投资回收期两个维度，与生态合伙人订立投资契约，对生态合伙人创业创新形成框架性约束。为帮助生态合伙人达成创业创新目标，企业平台会利用自身资源和能力，对生态合伙人的创业创新项目提供全价值链赋能和全管理链赋能，帮助生态合伙人应对创业创新的高度不确定性。有了企业平台的约束和支持，生态合伙人更要以创业心态，带领团队成员达成事业模式构建目标。同时，企业平台强大的品牌影响力，也会对创业团队成员产生正面吸引和赋能作用，利于生态合伙人开展团队领导。

三、员工角色

在组织当中，不同类型事业合伙人承担不同类型的职能角色。相应地，不同企业发展阶段的事业合伙人的团队成员也要相应地承担不同的职能角色。

在创业期，创业合伙人要承担独当一面的职能角色。也因此，创业合伙人的团队成员就要承担作业者的角色，及时高效地完成创业合伙人安排的职能工作。这时，团队成员接收的命令是单一的，只要完成创业合伙人安排的任务即可。正因如此，团队成员在与创业合伙人长期共事的过程中，很容易学习和养成非常专业的职能运营管理能力。

在成长期，营销合伙人相对独立地运营一项业务，服务一块细分市场，在事业部各职能部门的支持下，承担营销中间人角色。因此，营销合伙人团队成员也要分担职责，同样承担更加细分的市场中间人角色。团队成员同样需要在事业部各职能部门的支持下开展工作，在矩阵制运营模式下，团队成员要平衡好客户、营销合伙人、事业部职能部门的目标和要求，承担初级职业经理人的角色。尽管沟通压力很大，但这是团队成员理解大企业运营架构与运营机制的最佳时机。

在成熟期，生态合伙人是创新者角色，也是创业者角色。这时，生态合伙人的团队成员需要帮助生态合伙人有效完成创业创新工作。尽管有企业平台加持，但生态合伙人从事的依然是没有路标的创业创新工作，也因此没有太多时间和精力辅导培养团队成员。为此，团队成员作为生态合伙人的创业合伙人，自然要把自己定位为创业者，否则很难跟随生态合伙人走完艰辛迷茫的创业历程。这种工作环境，对团队成员是非常有价值的。一方面，同样的工作职能，作为创业合伙人和职业经理人相比，会有不同的创业体验；另一方面，同样是创业合伙人，基于企业平台的创业更容易成功，这对承担风险能力相对较小的创业合伙人来讲，是一个难得的保障。

四、工作平台

平台有大小，人人都需要。再大的企业集团也是在社会社区平台的大循环上开展小循环运营，何况事业合伙人这一相对规模较小的个人或组织。

与企业平台交互，做好本职工作，是各级各类事业合伙人都需要认真对待和谨慎实践的。

在创业期，创业合伙人的平台就是创始人开办的创业企业，这时平台虽小，却也是真实存在的。正是因为平台小，才给了创业合伙人创业的空间感和成就感，这种空间感就体现在承担比以前更大的职能职责，这种成就感就体现在亲自参与平台的建设进程。相应地，创业合伙人的团队成员，就是在创业合伙人承担的职能领域内开展工作，这种职能往往以部门的形式存在，部门平台虽小，但给了这时的团队成员参与职能创建的参与感和成就感。

在成长期，营销合伙人的平台就在创业合伙人团队构建的事业部。这时，这个事业部还只是在小范围验证成功，在更大范围更细分的场景市场上能否成功，有待于营销合伙人去亲身实践。开始时，事业部通常很小，但却给营销合伙人提供了一个实实在在的事业平台。相应地，营销合伙人的团队成员就会以营销合伙人所构建的小团队作为自己的工作平台，在营销合伙人的带领下，去验证企业的事业模式在更专业化的细分市场的有效性。

在成熟期，生态合伙人可以充分利用企业平台的资源和能力，但其创业创新平台却是目标客户社区。为此，生态合伙人必须秉持自力更生理念，主动融入目标客户社区，创造客户。相应地，生态合伙人的团队成员也要有创业创新心态，虽然很多职能经验可以参考企业平台，但要创造客户社区需求，团队成员也要把目标客户社区作为自己创业创新的平台，在生态合伙人的带领下，去验证新的事业模式的有效性。

五、工作内容

企业不同发展阶段，事业发展的主题主线不同，需要区别对待。不同的工作内容，需要事业合伙人具备的资源基础和能力倾向不同，需要严肃对待，用心选择。男怕入错行，女怕嫁错郎，同样道理，工作内容是事业与合伙人匹配的核心焦点。

在创业期，创业合伙人的工作内容是非标的，需要很大的创新性甚至创造性。但为了平衡创新和效率矛盾，团队成员的工作内容要尽量标准化，创业企业虽小，也要及时构建职能管理部门，只有职能标准化，才能提高当期效率，利于员工打造基本的工作技能，并为后续大规模扩张奠定模式基础，培养行为规范。

在成长期，营销合伙人的工作内容首先是模块化的，即在创业合伙人打造的事业模式中，承担某一个具体的板块业务，而且这块业务一定是需要企业和营销合伙人协同完成的。营销合伙人虽然承担的是模块化业务，但具体到直接服务客户的团队成员那里，就要具有很强的模块集成能力，既要做好营销合伙人负责的模块工作，也要理解和有效利用企业本部的职能模块，这样才能给客户一个完整的解决方案和服务体验。

在成熟期，生态合伙人的工作内容是定制化的，一方面来自于企业平台的价值需求；另一方面来自于目标客户的创新需求，这两种需求要求生态合伙人的工作既要创新性，又要定制性。生态合伙人的团队成员，有的擅长定制化工作，有的擅长创新性工作，在这里都可以找到用武之地。

六、工作报酬

企业不同发展阶段，不仅事业主题不同，合伙人类型不同，工作报酬也不同，特别是取酬逻辑不同。

在创业期，创业合伙人的价值是帮助创始人执行某个职能职责，虽然职能内容非标，但职能结果却是创始人容易衡量的，这时的报酬支付依据主要是基于职能职责的作业价值。在实践中，尽管创业合伙人的取酬逻辑是确定的，但取酬多少却是整个创业团队创造客户所取得的价值，具体来讲，可能是估值，也可能是市值。当然，具体到创业合伙人及其团队成员，报酬获取方式却存在基本工资、奖金、股金等不同薪酬组合而有较大差异。

在成长期，随着营销合伙人大规模引入，报酬支付的基本单元就由直接支付给创业合伙人及其团队成员个人，转为支付给营销合伙人团队，因为事业部主要关注营销合伙人团队这一级绩效单元。至于营销合伙人团队成员的个人绩效，则主要由营销合伙人负责分配，这是因为营销合伙人与其团队成员天天在一起工作，最适合评价每个团队成员的绩效。在理论上，我们称营销合伙人为第一人力资源经理。

在成熟期，生态合伙人是新事业的创始人，这完全不同于创业合伙人。所以，生态合伙人本人要不计报酬地工作，因为他的报酬取决于在目标社区中创造客户的成败，而成败的关键就是他自己。但生态合伙人的团队成员，就相当于他的创业合伙人，需要参照企业创业期模式支付报酬。唯一的差异是，生态合伙人牵头的创业创新项目，因为有企业平台资源和能力加持，更容易成功。因此，生态合伙人的团队员工在取酬方面，心理压力相对减弱，对未来薪酬信心更加充足。

七、跨界关系

组织行为学是一门非常有价值的学问，组织中很重要的关系就是人与组织的关系，以及人与人的关系，当然还有组织与组织的关系等多种复杂结构。

在创业期，创业合伙人之间的关系是一种冲突大于合作的关系。一方面，在创业期，企业还没有形成稳定的组织架构和明确的制度规范，很多事情都靠人与人之间的日常沟通，很容易产生冲突。另一方面，创业期最大的特点是不确定性，最大的需求是创新，这种状态就容易引起创业合伙人之间的各种方向、各种形式的冲突。好在创业期的创业合伙人人数有限，基本都是冲着创始人加入的，而这时的创始人又是全身心投入创业创新中，自己亲自过问大小事情，自然很容易协调创业合伙人之间的矛盾和冲突。创业期，各种运营都是按项目制去推进，不同团队成员之间自然容易站在各自团队角度和利益诉求下开展冲突性沟通。正因如此，团队成员会在团队内部形成凝聚力，在团队之间形成离心力。好在这时人数有限，冲突基本上都可以在创业合伙人之间解决。

在成长期，营销合伙人与企业各职能部门的关系是合作关系。因为此时，营销合伙人的主要目标是服务细分领域的市场和客户，而企业各职能部门的职责是为营销合伙人提供支持。这时，营销合伙人都需要与企业各职能部门搞好关系，以求获得合理的支持甚至更多一点的关照，即使各职能部门有些官僚，只要不太过分，营销合伙人也大都会像服务客户一样对待各职能部门，毕竟此时协同关系大于冲突关系。同样道理，营销合伙人的团队成员，有时也要脱离营销合伙人的庇护，独自与后台职能部门开展沟通与合作，这就同样推动了团队成员按照合作导向处理跨界关系。特别是当需要共同服务终端客户时，就需要成立联合团队，即所谓矩阵制组织。这时，团队成员必须为跨部门团队贡献价值，共同推动联合团队成功，只有联合团队成功，才有个人价值的实现机会。更何况，大多时候，团队成员要独立面对客户，系统解决客户问题，这就需要听到炮火声的团队成员反向呼唤炮火支援，这种切身的需求，驱动团队成员养成更好的协同思维和行为方式。

在成熟期，生态合伙人与企业平台各经营部门及各职能部门的关系是服务关系。企业平台是给生态合伙人提供服务的，当然也有规范性要求，但仍以资源和能力支持为主。而生态合伙人是否成功，很大程度来源于他对客户需求的深刻理解，以及对企业平台资源和能力的精准把握。生态合伙人需要为团队成员提供有效的服务支持，还需要带领团队成员融入到企业平台上来，辅导团队成员积极整合平台资源，集中精力服务社区用户。在平台制组织中，只有社区用户满意，才有团队成员个人价值的实现机会。这个阶段，服务是主要的跨界合作关系。

参考文献

［1］李青山：《事业合伙人管理理念与方法论》，北大纵横公众号，2018 年。

［2］李青山：《营销合伙人管理理念与方法论》，北大纵横公众号，2019 年。

［3］李青山：《2019 事业合伙人管理蓝皮书》，北大纵横公众号，2019 年。

［4］李青山：《生态合伙人管理理念与方法论》，北大纵横公众号，2020 年。

［5］夏萌：《你是你吃出来的》，江西科学技术出版社 2017 年版。

［6］胡荣锦：《温北英的伊甸园梦》，华南理工大学出版社 2015 年版。

［7］中国管理模式杰出奖理事会：《解码中国管理模式》，机械工业出版社 2009 年版。

［8］黎万强：《参与感》，中信出版社 2014 年版。

［9］小米生态链谷仓学院：《小米生态链战地笔记》，中信出版社 2014 年版。

［10］约瑟夫·熊彼特：《经济发展理论》，中国画报出版社 2012 年版。

［11］谢德荪：《源创新》，五洲传播出版社 2012 年版。

［12］阿尔弗雷德·钱德勒：《战略与结构》，云南人民出版社 2002 年版。

［13］赫伯特·西蒙：《管理行为》，机械工业出版社 2004 年版。

［14］彼得·德鲁克：《管理》，华夏出版社 2012 年版。

［15］詹姆斯·科林斯、杰里·波拉斯：《基业长青》，中信出版社 2004 年版。

［16］耿冬梅、李青山：《边疆民族地区乡村振兴研究·以元阳县电商产业扶贫模式为例》，学术探索，2019 年第 10 期。

［17］菲利普·科特勒：《营销管理》，中国人民大学出版社 2012 年版。

［18］埃弗雷特·罗杰斯：《创新的扩散》，中央编译出版社 2002 年版。

［19］艾·里斯、杰克·特劳特：《定位》，机械工业出版社 2010 年版。

［20］罗伯特·卡普兰：《平衡计分卡：化战略为行动》，广东经济出版社 2010 年版。

［21］曾仕强：《中国式管理》，中国社会科学出版社 2005 年版。

［22］王先庆：《新零售》，中国经济出版社 2017 年版。

［23］威廉·安泽列格：《细胞优化关键密码》，体面文化出版社 2017 年版。

跋

在我国商界，事业合伙人管理既是一个老话题，又是一个新课题。从1889年晋商顶身股制度的肇始，到1983年温氏集团全员合伙模式的启动，从2005年北大纵横人单合一经营管理模式的成型，到2009年婕斯消费合伙人模式的全球运营，从2010年小米的创业合伙人团队的成功招募，到2015年元阳梯田云混合所有制模式的横空出世，昭示着丰饶的事业合伙人管理模式穿越古今的生命力。

当前，事业合伙人管理模式在我国正在被广泛采用，这与智慧互联时代背景互为表里、相辅相成。我国经济正从工业经济向服务经济转型，企业成功要素正从资金资源向人才知识升级，企业治理形式正从雇佣制向合伙制嬗变。

2017年，北大纵横事业合伙人研究院成立。三年多来，围绕事业合伙人管理课题开展了研究、咨询、培训、教练、实践等多种模式探索，形成了一套完整的事业合伙人管理理念、方法论及实践案例。研究院专注于研究事业合伙人管理理论演进、事业合伙人管理模式演进、事业合伙人组织架构演进、事业合伙人运行机制演进。研究院专注于重构人与资本、人与组织、人与人、组织与组织、人与物之间关系，致力于在智慧互联时代帮助企业打造人才资本激活模式。

从2017年开始，研究院院长李青山先生和研究院顾问耿冬梅女士开始为企事业单位讲授公开课，先后为中国人民大学新经理人班、北大纵横百家讲坛、北大纵横院长直播、发改大讲堂、大连盛万唐食品协会、北京宏福商学院、北京食品科技人才协会、河南职业经理人联合会、北京岐黄科技高管班、武汉天域梯业高管班、上海房德科创高管班等培训项目提供了事业合伙人管理培训。

从2017年开始，研究院在微信群开始运营微课堂，几十位企业家及事业合伙人先后分享了各自企业和所在机构的事业合伙人管理案例。

从 2017 年开始，研究院为前沿高科技企业、科技贸易企业、现代零售企业、医药科技企业、物联网直销企业、环保科技服务企业、食品企业、文创企业、科技园区运营企业等各类企业提供了十余项事业合伙人管理的咨询服务和教练辅导服务。

从 2018 年开始，研究院持续撰写和发表文章。已发表文章包括《事业合伙人管理理念与方法论》《营销合伙人管理理念与方法论》《生态合伙人管理理念与方法论》《2019 年事业合伙人蓝皮书》及《边疆民族地区乡村振兴研究·以元阳县电商产业扶贫模式为例》，已写完待 2021 年初发表的文章有《创业合伙人管理理念与方法论》。